仕事が「速いリーダー」と「遅いリーダー」の習慣

建設会社の社員をしながら専門学校やセミナーの講師、税理士として活動できる理由

石川和男
ishikawa kazuo

はじめに

本書を手にとっていただき、ありがとうございます。
石川和男と申します。

リーダー、特にプレイングマネージャーは苛酷な仕事です。いつも上司と部下の板挟み。そして何より、マネージャーでありながらプレーヤーとしても成果を上げなければなりません。

あなたは、日々いくら時間があっても足りないと感じ、仕事に追われているのではないでしょうか？

そんな激務のあなたに、仕事が速くなる50項目の習慣を用意しました。併せて仕事が遅いリーダーの習慣も載せてあります。

もし、あなたが「仕事が遅いリーダー」と同じ習慣を持っているのなら、その習慣をやめるだけで仕事が速くなります。さらに「仕事が速いリーダー」の習慣を取り入れれば、今までの3倍、4倍と速くなるでしょう。

今回厳選した「仕事が速いリーダーの習慣」は、誰にでもマネができるものばかりです。

また、すぐにでもはじめられて、しかも即効性のあるものがほとんどです。

「ほとんどということは、即効性のない習慣も含まれているのか」と思われるかもしれませんが、即効性のない習慣は、毎日コツコツと積み重ねることで巨大な力となり、将来劇的に仕事を速められるようになります。


では、なぜ私がこのテーマについて執筆することになったのか？

それは、私が現在5つの仕事をかけ持ちしているからです。

建設会社の総務経理、大原簿記専門学校の簿記講師、大学の非常勤講師、セミナー講師、そして税理士。

建設会社は、月曜日から金曜日の平日朝8時30分から夕方5時まで。

大原簿記専門学校は、毎週日曜日の朝9時から夕方5時まで。

大学の非常勤講師、セミナー講師、税理士業務は、平日の夜や土曜日。

またプライベートでは、友人と飲み会や遊びに出かけ、家族とカラオケに行って、家ではＤＶＤを見るなど、人生を楽しく過ごしています。

このように楽しく充実した人生を送るためには、メインである建設会社の仕事を定時で終わらせなければなりません。ここで残業してしまうと、他の仕事にしわ寄せがきて、遊ぶ時間どころか睡眠時間もなくなってしまいます。

5時に会社を出るためには、仕事を速く処理する必要があります。だからこそ、1分でも1秒でも仕事が速くなるための方法を、日々研究し実践して習慣化しているのです。

建設会社は、協力会社を含めて100億円の売上がある企業です。そこでの総務経理を担当するプレイングマネージャーである私が、そんなに暇なワケはありません。

では、どうやって5時までに仕事を終わらせているのか？

詳しくは本編に譲りますが、どの仕事も効率的に片づけ、部下に仕事を任せ、ときには上司に動いてもらい、会議や打ち合わせのムダを徹底的に省くことで残業を減らしているのです。

本書を書くにあたり、それぞれ違う立場で、違う内容の仕事をしていることが役立ちました。

大原簿記専門学校では、年下の上司のもとで働いています。

大学では、30歳近く年の離れた学生に教えなくてはならないので、伝え方やコミュニケーション能力を磨き、どうすれば分かりやすい授業ができるかの研究をしています。

セミナー講師としては、「リーダー論」や「時間術」、「仕事術」などのセミナーを行っているので、日々コンテンツを磨いています。

税理士の立場では、他企業の経営者やリーダーと話す機会に恵まれるので、上に立つ人の資質などについて、気づかされることが多くあります。

このように、さまざまな仕事を行うことで、多面的に、仕事が速いリーダーと遅いリーダーの習慣を捉えることができるようになりました。

ぜひ、今のあなたの現状と比べながら読んでみてください。

本書が、あなたの仕事を速め、充実した日々を送るお手伝いができれば幸いです。

石川 和男

○もくじ

仕事が「速いリーダー」と「遅いリーダー」の習慣

はじめに

第1章 チームマネジメント編

01 **速いリーダーは部下に仕事を任せ、**
遅いリーダーは任せない。 20

02 **速いリーダーは部下のサービスカウンターになり、**
遅いリーダーは部下にサービスさせる。 24

03 **速いリーダーは「質」で評価し、**
遅いリーダーは「量」で評価する。 28

04 **速いリーダーは雑務を楽しみ、**
遅いリーダーは雑務を嫌がる。 32

05 **速いリーダーは積極的にお金を使い、**
遅いリーダーは節約する。 36

06 **速いリーダーは団体戦を好み、**
遅いリーダーは個人戦を好む。 40

07 **速いリーダーは早く来て早く帰り、**
遅いリーダーは遅く来て遅く帰る。 44

08 **速いリーダーはビジョンで語り、**
遅いリーダーは気合いを語る。 48

第2章 ▼▼▼ 日常生活・環境 編

09 **速いリーダーは机がブランドショップ、**
遅いリーダーは机がドン・キホーテ。 54

10 **速いリーダーはやめてしまい、**
遅いリーダーはやり続ける。 58

11 **速いリーダーはアイスコーヒーを飲み、**
遅いリーダーはホットコーヒーを飲む。 62

12 **速いリーダーは運動を事務でも行い、**
遅いリーダーはジムでしか行わない。 66

13 **速いリーダーは決断が速く、**
遅いリーダーは決断が遅い。 70

14 速いリーダーは軽自動車に乗り、
遅いリーダーは高級車に乗る。 74

第3章 ▼▼▼ 部下とのコミュニケーション編

15 速いリーダーはいつも愛想が良く、
遅いリーダーは機嫌が悪い。 80

16 速いリーダーは車に酔い、
遅いリーダーは自分に酔う。 84

17 速いリーダーは腹を見せ、
遅いリーダーは背中を見せる。 88

18 速いリーダーはいくつもの正解を探し、
遅いリーダーはひとつの正解を求める。 92

19 速いリーダーは「お前」と呼び、
遅いリーダーは「君たち」と呼ぶ。 96

20 速いリーダーは年上をやる気にさせ、
遅いリーダーは年下のやる気を奪う。 100

21 速いリーダーは小出しに指示し、
遅いリーダーはまとめて指示する。 104

第4章 ▼▼▼ 上司とのコミュニケーション編

22 速いリーダーは上司の読む本を「即買い」し、
遅いリーダーは「立ち読み」する。 110

23 速いリーダーは上司のスケジュールを確認し、
遅いリーダーは部下のスケジュールも確認しない。 114

24 速いリーダーは期待通りの仕事をし、
遅いリーダーはなんでも期待以上しようとする。 118

25 速いリーダーは数字で表し、
遅いリーダーは抽象的に表す。 122

26 速いリーダーは細かく、
遅いリーダーは粗い。 126

27 速いリーダーは革新的、
遅いリーダーは保守的。 130

第5章 ▼▼▼ 報連相・ミーティング編

28 速いリーダーは悪い報告を歓迎し、
遅いリーダーはいい報告を歓迎する。 136

29 **速いリーダーは「どうしたら？」と聞き、**
遅いリーダーは「なんで？」と聞く。 140

30 **速いリーダーは簡単に説明し、**
遅いリーダーは詳しく説明する。 144

31 **速いリーダーはゆっくり集合させ、**
遅いリーダーはすぐに集合させる。 148

32 **速いリーダーは会議を分類し、**
遅いリーダーは会議を一緒くたに考える。 152

33 **速いリーダーは発言時間を減らし、**
遅いリーダーはとにかく発言を増やす。 156

34 **速いリーダーは新入社員から聞き、**
遅いリーダーは幹部から聞く。 160

第6章 ▼▼▼ 仕事のやり方・段取り編

35 **速いリーダーは開始日を決め、**
遅いリーダーは終了日だけ決める。 166

36 **速いリーダーは見切り発車し、**
遅いリーダーは慎重に進める。 170

37 **速いリーダーはフラフラ出ていき、**
遅いリーダーはどっしり座る。 174

38 **速いリーダーは書類を一度しか読まず、**
遅いリーダーは何度も目を通す。 178

39 **速いリーダーはメールに頼らず、**
遅いリーダーはメールに頼る。 182

40 **速いリーダーはメールをほとんどチェックせず、**
遅いリーダーは小まめにチェックする。 186

41 **速いリーダーはカラーを好み、**
遅いリーダーはモノクロを好む。 190

42 **速いリーダーは略して書き、**
遅いリーダーは正しく書く。 194

43 **速いリーダーは記録し、**
遅いリーダーは記憶する。 198

第7章 ▼▼▼ 自己啓発編

44 速いリーダーはDVDを見て、
遅いリーダーはテレビを見る。 204

45 速いリーダーは通勤電車でイヤホンを使い、
遅いリーダーはスマホをいじる。 208

46 速いリーダーはおにぎりを食べ、
遅いリーダーはラーメンを食べる。 212

47 速いリーダーは社外の仲間と飲みに行き、
遅いリーダーは社内の仲間と飲みに行く。 216

48 速いリーダーは夢を文字にし、
遅いリーダーは夢がボンヤリしている。 220

49 **速いリーダーは勘定感覚があり、**
遅いリーダーは感情感覚しかない。 224

50 **速いリーダーはやっていて、**
遅いリーダーは知っている。 228

おわりに

◯カバーデザイン　ＯＡＫ　辻佳江

第1章

チームマネジメント編

01 速いリーダーは部下に仕事を任せ、遅いリーダーは任せない。

リーダーのもっとも重要な仕事のひとつ。それは部下を一人前に育て上げること。そのためには、部下に仕事を任せなければなりません。失敗と成功を繰り返しながらでしか、部下は成長しないからです。

ところが仕事が遅いリーダーは、部下に仕事を任せません。有能な部下が就いた場合、部下に仕事を任せると自分の仕事がなくなる、部下が成長して万一自分を追い抜かれるのが心配、などの理由で任せられません。逆に仕事ができない部下が就いた場合、任せてミスされるのが心配、自分でやった方が速い、などの理由で任せられません。

結局、仕事が遅いリーダーは、どんな部下が就いても仕事を任せず、ひとりで抱え込んでしまいます。**部下を一人前に育てるという重要な仕事を放棄した上に、何から何まで自**

分でやろうとするために時間もかかり、仕事が遅くなってしまうのです。

私が就職してはじめて所属したのは、ある建設会社の事務部門。180億円以上の売上がありましたが、あくまで工事部門がメイン。そのため本社の総務は4人。財務、広報、教育、保険を、その道20年以上のベテランが各ひとりずつ担当していました。そんな少数精鋭の総務に5人目として新入社員の私が入社したのです。

右も左も分からない22歳。全部門の補佐として私は配属されましたが、誰ひとりとして仕事を任せてくれる人はいませんでした。

長年ひとりで勤めてきたルーティンワークを崩したくない、自分でやった方が速い、仕事を任せてミスされるのが面倒、このような理由だったと思います。私は5時の終業チャイムが鳴るまで、ひたすらデスクに座っているだけでした。

私は出社したらメモ紙に「28800」という数字を書いていました。

この数字、何だか分かりますか?

9時から5時までの就業時間を秒数で表したものです。つまり「8時間×60分×60秒」

が「28800」なのです。10分経ったら600減らし、30分経ったら1800減らす。ぐっと我慢をして、時計を見ないで1時間を経過させたら3600も減らせる。終業までのカウントダウン……。

この体験からもリーダーになった今、部下には仕事を任せるようにしています。仕事を任せないことには成長しません。

マザー・テレサが「愛の反対は憎しみではなく無関心」と言ったのは有名な話ですが、仕事を任せないのも「あなたに無関心。必要ないですよ」と言っているのと同じです。

部下に任せること、教えることは、最初は手間がかかります。しかし**部下がその仕事をできるようになることで、あなたはリーダーとして一歩上の業務に集中できるのです。**

仕事が速いリーダーは部下に仕事を教え、権限も委譲していきます。

一方、仕事が遅いリーダーは、仕事を自分で抱え込むので毎日残業してしまいます。仕事を任せてもらえない部下はモチベーションが下がり、忙しい自分はいつまでも一歩上の業務ができません。まさに、悪循環のスパイラルに陥ってしまうのです。

そもそもリーダーは、部下より高い俯瞰《ふかん》的な視点で仕事をしていかなくてはなりません。

プレイングマネージャーだとしても、できることは部下に任せ、マネジメントに力を注いでいくようにしていきましょう。

はじめて自転車に乗る練習をしたときは傷だらけになるけど、上達すれば歩くより格段に速く移動できます。

パソコンをはじめたときは1本ずつの指でキーボードを叩いて大変だったけど、上達すれば手書きより格段と速く仕上がります。

部下にはじめて仕事を任せたときは……そうなんです。最終的には、任せることで仕事が速くなるのです。

仮に「部下育成」が人事評価に直接影響しない評価制度でも、あなたのグループが高いパフォーマンスを見せれば、評価は自ずと上がっていきます。部下に仕事を任せ、次世代のリーダーを育てることが、あなたを含め会社全体の利益につながるのです。

01 仕事が速いリーダーは、権限委譲をすることで一歩上の業務に集中する！

02

速いリーダーは部下のサービスカウンターになり、遅いリーダーは部下にサービスさせる。

仕事が速いリーダーAさんは、いつも定時に帰っていました。

仕事が遅いリーダーBさんは、毎晩深夜まで働いていました。

仕事の量は同じくらいです。どちらかといえばAさんのほうが、担当顧客数が多いぐらいでした。そのような状態でも、Aさんはいつも余裕を持って仕事をし、完成度の高いものを締切前に提出します。

一方、Bさんはいつもぎりぎりの進行で、締切にはなんとか間に合わせるもののミスが多く、他の部署からのクレームも出ていました。

同じ仕事をしているのに、この差はなぜ起きたのでしょうか？

業務をこなす能力は、2人に大差がありません。決定的に違ったのは、AさんとBさんの役割です。

Ａさんは部下が主役で、自分は部下のサービスカウンター的な役割、いわゆる補佐役と考えていました。

それに対してＢさんは自分が主役で、部下は自分の手足となって動くものと考えていたのです。

Ｂさんは普段からトップダウン型の指示をしていました。だから部下は、「仕事を押しつけられている」、「雑用ばかりでつまらない」と感じていました。

新商品説明会のときも、資料づくり、チラシ案、告知サイトのデザインなどの企画の重要な部分は、Ｂさんが全て決めていました。

部下が流行りを取り入れたデザインを提案しても、「それはオレが考えるから、言われたことだけやっておけ！」と却下したのです。

部下に任せるのは、お客様リストの印刷、案内の封入、会場や備品の手配や誘導など、雑務的なものだけでした。

確かに雑務的な仕事も重要です。手抜きをせずにやらなくてはなりません。

しかし、**雑務的な仕事ばかりをさせてしまうと、部下のモチベーションは上がりません。**

業務を「やらされ仕事」と捉えてしまい、創意工夫がなくなるのです。

能動的に仕事をする機会を奪われると、やる気は失われます。そして、仕事は遅くなります。

以前、顧問先の課長から「部下にやる気が感じられない」と相談を受けたことがありましたが、詳しく聞くと、その人は部下に仕事を与えていませんでした。正確に言うと、部下に新しい仕事を任せず、同じ業務や雑用ばかりをさせていたのです。

仕事が遅いリーダーは、部下にサービスをさせます。

部下の主な役割は雑用と考え、「面白い仕事、楽しい仕事、やりがいのある仕事」は自分で抱え込み、部下には与えません。

雑用など、誰にでもできる仕事だけを任せていては、部下のモチベーションは下がります。これでは部下の成長も望めず、いつまで経ってもひとりで仕事を抱えているので、仕事が遅くなってしまいます。

02 仕事が速いリーダーは、部下に仕事の楽しみを教える！

仕事が速いリーダーは、部下が主役。**部下に何かあったときだけ手伝い、基本的には最終チェックをする役割に徹します。**

部下は、最初のうちはミスをしたり、トラブルに遭遇したり、自宅に帰っても仕事のことが頭から離れないほど悩むこともあるでしょう。

しかし、その壁を何度も乗り越えて、解決する方法を探します。そのうち、自分なりに工夫をして、コツをつかみ、仕事を成功させるようになります。

仕事の楽しみは、この工夫をして解決する達成感にあるのです。

乗り越えられない壁だと思っていた仕事が、扉のように開く瞬間が楽しいのです。その成功体験が部下のモチベーションを上げ、チーム全体が活気づくことで、仕事が速くなるのです。

03

速いリーダーは「質」で評価し、遅いリーダーは「量」で評価する。

残業が大好きなB課長は、いつも午後10時まで会社に残って仕事をしていました。部下たちも夜遅くまで仕事をしており、午後8時ぐらいに帰社しようとする部下には「今日は早いな」などと嫌味っぽく声をかけ、帰りにくい雰囲気を醸《かも》し出していました。

B課長にとっての評価基準は、長時間働いているかどうか。そのため、残業すればするほど評価が高く、遅くまで残っている部下をかわいがっていました。

一方、A課長のチームは、リーダーであるA課長自身が定時に帰ります。部下も遅くまで残らず、「早く帰るほうがいい」という雰囲気になっていました。

この対照的な2チーム、パフォーマンスにも大きな差があったのです。

B課長のチームの業績は最悪でした。仕事の「質」が非常に低かったのです。そもそも夜遅くまで仕事をしていると疲れがたまってくるので、仕事のパフォーマンスが落ちてきます。しかも**毎晩遅くまで残っていると、次の日まで疲れを持ち越してしまうので、余計に低下してしまいます。**ミスも多くなり、そのミスを修正するための仕事も新たに加わります。挽回するために、また残業するという悪循環。

10時まで帰れないことが当たり前の部署だと、10時に終わるように仕事の段取りを組んでしまうので、昼間はダラダラと仕事をしてしまうのです。さらにやる必要のない「ムダな仕事」までやってしまいます。

A課長のチームは、必要のない仕事は削減し、必要な仕事にだけ集中していました。仕事時間が短時間なので翌日に疲れを残さず、集中力も持続します。仕事自体の質も高く、密度の濃い時間になっていました。

仕事が遅いリーダーは「量」を重視します。遅くまで会社に残って仕事をしている部下が会社に貢献している、と考えるのです。

一方、仕事が速いリーダーは「質」を重視します。限られた時間の中で、いかに効率的に仕事をするか？　仕事にムダはないか？　絶えず、考えながら仕事を進めるのです。

ところで**「ムダな仕事」**とは、どのようなものでしょうか？　考えられるものをいくつか挙げてみたいと思います。

①自己満足でしかない仕事

提案資料を作る際、カラーやレイアウトに過剰にこだわるなどして作成に時間をかけてしまいます。その割にはお客様がしっかり見ていないため、業績には結びつきません。

②やる理由のない仕事

「決まっているから」、「前例は、こうなので」という理由で行われている仕事の中には、「今では、やる必要がなくなった仕事」もあります。しかもその項目はリーダーもほとんど確認しておらず、日々の営業にも役立ちません。

③意味のない打ち合わせ

必要もないのに部下全員を集め、ダラダラと続きます。リーダーが議題から脱線しても誰も止められず、打ち合わせは長引きます。

リーン生産方式と言われる手法があります。トヨタなど日本の自動車産業における生産方式がアメリカで研究され、体系化されたやり方です。リーンとは「贅肉がない」、「脂肪が少ない」という意味です。つまり、「ムダがない生産のやり方」を意味しています。

リーン生産方式のベースのひとつに**「顧客にとって価値を生まないものは全てムダとみなす」**という考え方があります。

この考え方をもとに、やるべき仕事を次のステップで絞り込んでいきます。

①やらなかったら、どうなるかを考える
②やらなくても何も変わらない仕事はやめる
③やるべき仕事の目的を考える
④その目的を別の手段で実現できないかを考える

そもそも、残業しても会社の評価につながることはありません。どれだけ質の高い仕事をして、価値を生み出すかが重要なのです。

03 仕事が速いリーダーは、本当にやらなくてはいけない仕事を効率的にこなす！

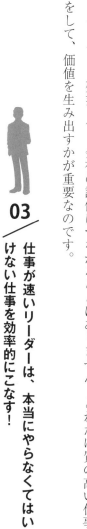

04

速いリーダーは雑務を楽しみ、遅いリーダーは雑務を嫌がる。

高校時代に生鮮食料品店でアルバイトをしていました。土日しか営業していない店で、入場制限をするほどの人気店でした。

同い年のアルバイトと2人で、納豆やモヤシなどの軽い食品から、豆腐やカマボコなどの重たい食品まで、さまざまな商品を大型冷蔵庫から運んで店頭に並べます。モヤシを入れて隣のケースを見たら木綿豆腐がない、木綿豆腐を入れている間に絹ごし豆腐がない、絹ごし豆腐を入れている間に納豆がない……。営業終了まで、ひたすら運んでは入れ、運んでは入れの8時間。それなのに時給はなんと350円（都心では考えられません）。かなりハードな仕事でした。

お互いに重たい商品は運びたくない、お客様の買い物をレジ袋に詰めるサービスもしていたのですが男子高校生が笑顔を振りまくのは恥ずかしい、お客様の車まで商品を運ぶのも駐車場まで遠いし寒いし面倒くさい。

やる気のない2人が、店長に怒られながら渋々働いている状況でした。

「20万円のステレオセットを買う！」と意気込んではじめたアルバイトでしたが、休む暇もなく働くことに嫌気がさしていました。休日に友人とも遊べないアルバイトの日々。いつ「辞めます」と言ってもおかしくない状況でした。

もうひとりも同じ気持ちです。お金は欲しいけど、仕事は大変だし遊びに行きたいと思っていたのです。

「もう辞めようか？」と、どちらともなく言ったときに「何か最後ぐらい遊んでから辞めよう！」ということになり、簡単なゲームを行いました。

最初は、どちらが多くの商品を運ぶかという単純なもの。多く運んだ方が昼休みのカラアゲや帰りのジュースをおごってもらえる。

それから、モヤシなどの軽い商品は1点。豆腐などの重たい商品は2点。お客様が買った商品をレジ袋に入れる手伝いをして「ありがとう」と言われたら3点。商品を車まで運んだら4点など、ルールを徐々に複雑にしていきました。

その結果、一瞬だけ売切れ状態になる商品がいつも充実の品揃え。お互い無言の譲り合いをしていた重たい商品を運ぶのも取り合い。「ありがとう」と言われるために笑顔で接客するので、お客様からの評判もいいアルバイト2人に大変身しました。

今までより忙しくなったにもかかわらず、遊び感覚で楽しんだので、アルバイト終わりはまるでスポーツ後のような爽快感。結局2人とも高校卒業までアルバイトを続け、24万円のステレオセットとマイケルジャクソンのスリラーを買うことができました。

あれから30年。総務部のリーダーになって思うことは、**大変な作業や単純作業などは、遊び感覚でやると社員も楽しく仕事ができる**ということです。

例えばDMの封入作業。当社では年末に行う恒例行事です。単純作業なので時間が経つにつれて飽きがきてしまい、社員の手の動きが遅くなります。

そこで**チーム分けして作業を行うのです。**

競争して勝ったチームにリーダーが缶コーヒーをご馳走するのですが、これが結構、燃えます。また、5分ごとにタイマーで計って区間賞を設けたり、時間短縮の方法を考えついた人には特別賞を与えるなどの工夫をしてみました。

すると、仕事のスピードが増し、競って速く終わらせようという雰囲気になったのです。

それまでは皆、完全な「やらされ仕事」と捉えて嫌々やり、時間も膨大にかかっていました。

しかし、この仕組みを取り入れることで、チームは変わりました。「向きはこのようにしたほうがいい。この順番で並べたほうがいい。ビニール袋に入れる作業は最後がいいかも」など、積極的に発言が出てきたのです。お互いにアイデアを教え合い、「単なる雑用」が「チームを結束させる業務」に変わりました。


仕事が遅いリーダーは、どうすればモチベーションを上げて仕事ができるかを考えません。**「雑務」を「苦役」と思えば、仕事が遅くなってしまいます。**

そもそも仕事で必要な「雑務」から逃れることはできません。せっかくやるならば、ゲームのように楽しいものと考えてやりましょう。

04 仕事が速いリーダーは、仕事をゲームに変える！

05 速いリーダーは積極的にお金を使い、遅いリーダーは節約する。

10円安いダイコンを買いに隣町のスーパーまで電車で買い物に行く。まるで笑い話のようですが、会社でも同じような仕事をしているリーダーがいます。

仕事が遅いリーダーBさんは、コスト削減にこだわっていました。先日も部下から新しいソフトを購入したいという申請がありましたが、却下しました。新しいソフトを使うことで時間が短縮できると分かっていても、コストが高いのが気になったからです。

また、普段から印刷経費の削減を口にしていました。「コピー用紙は裏紙を使え」、「インクはリサイクルしたものを使え」と。

しかし、コピー用紙の裏紙を使用するとコピー機が故障する大きな原因になります。例外にもれず、故障して出張費と技術料で2万円。業務にも支障をきたして、仕事の仕上がるのが遅くなりました。

一方、**仕事が速いリーダーAさんは、コストと付加価値を比較して検討していました。**

付加価値とは、その商品を購入することによって得られる価値を言います。

例えば、部下からソフト購入の申請が来たら、どれだけの付加価値があるのかを説明させます。そして、付加価値がコストを上回っていたら承認します。

私のかつての上司は、コストより付加価値にこだわっていました。

ある日、東京駅から新横浜駅近くの会社に上司と訪問する予定になっていました。「何時に出ればいいか」を聞かれた私はヤフー検索をし、在来線を使った出発時間を伝えました。

すると上司は「もう少し遅くても大丈夫じゃないか。メールを送っておきたいところが3件あるから」と言います。でも「東海道線は11時発ですよ」と私がせかすと、続けて上司は「違うよ。東海道新幹線で新横浜まで行くんだよ」と言うのです。

私はたった1駅だけ新幹線に乗ることに驚き（今は品川にも停まるので2駅）、「たった1駅だけのために乗るんですか?」と大声を上げて聞き返してしまいました。

そんな私に、上司から次のようにアドバイスをいただきました。

「時間を買えるだろ。あと新幹線の中は快適だから、その時間も仕事ができるだろ」

確かに在来線で行ったら、電車の中で座れないかもしれません。その間、仕事ができなくなってしまいます。


「時間をお金で買う」

この出来事以来、私の頭の中は絶えず時間とコストを比較するようになり、ビジネスを行う上で重要な考え方のひとつになりました。

私の知人の経営者の中には、新幹線ではグリーン車にしか乗らない人がいます。広いグリーン車で快適に仕事をすることで得られる効用が大きいからです。


先ほどのソフトの話でもそうですが、Bさんのように**コスト削減ばかり優先してしまうと、膨大な時間がかかります。**全てを自社で内製、あるいは自分でやろうとしてしまうのです。

例えば、店舗リニューアルのチラシを作成したいと思います。そのとき、Bさんの思考では、自社の社員を使って作成しようとします。しかしメンバーがデザイナーや、美大出身ならまだしも、そうでなければプロに任せるべきです。

素人はプロより時間がかかります。プロなら30分でできるところを、素人がやると３日かかるかもしれません。このような場合、コストと時間を比較優位の法則で考えるのです。

例えば、Ｅ君の給料を時給換算すると２千円です。１日平均８時間でチラシを作成すると、８時間×３日間×２千円で４万８千円。さらにＥ君がチラシ作成をせず、本業で10万円を稼ぎ出す可能性もあるのに、その機会を失わせることになります。

比較した結果、外注先に任せたほうがいいということになるのです。クオリティもプロのほうが断然上です。

コストがかかっても、時間を大幅に短縮できたり、利益を生み出せるなどの付加価値があれば、投資に踏みきり、仕事を速く終わらせましょう。

05 仕事が速いリーダーは、時間をお金で買う！

06 速いリーダーは団体戦を好み、遅いリーダーは個人戦を好む。

「あなたは、今日中に書類を東京都庁に届けなければなりません。A4の封筒に入った軽い書類を先方に渡すだけです。荷物にならないので、どんな手段でも持ち運べます。その書類を届けるのに、車で片道1時間はかかります。今日は他に優先順位の高い仕事があるので、1分でも速く届けたい。あなたなら、どのような方法を考えますか？」

私が主催する「残業ゼロの時間術」というセミナーでの質問です。

毎回質問しますが、だいたい以下のような答えが返ってきます。

「裏道を調べて走る」、「空いている時間を選んで走る」、「高速道路を使う」、「高価なナビを買って渋滞情報をチェックする」、「運転テクニックを磨く」、「電車の方が早いかチェックする」、「こんな日に備えてジェット機を所有する」……。

実践的なものから珍解答まで、毎回さまざまな答えが返ってきます。しかし、どれも根本的な解決にはなっていません。裏道、高速、ナビ、電車……何分間か早くなる程度です。

では、どうするか？

先方に渡すだけなら人に任せる。人に任せれば、あなたが届ける時間はゼロになります。「そんな答えはズルイ」と言われそうですが、質問の中で「軽い書類」、「先方に渡すだけ」、「荷物にならない」という具合に、誰でも運べることを示唆しています。

「自分の時間は買えないけれど、他人の時間は買える」

という名言があります。

本当にその通りだといつも思います。誰でも1日24時間ということは決まっています。世界中どの国へ行っても1日は24時間。自分だけ30時間になることはありません。

しかし本来、自分が行おうとしていた1時間かかる作業を他人に頼むと、1時間が浮くのです。1日24時間、自分の時間はそれ以上増やせなくても、他人に任せることで使える時間は増えます。

これを応用すれば、時間を作り出す方法が考えられます。

例えば、今までメンバー全員で行っていたコンビニへの弁当の買い出しを当番制にする。役所や現場に書類を届けに行くときは、他に行く人はいないか社員同士声をかける。事務用品をネットで注文するときは、まとめて注文する。

そうすることで、自分が使わなければならなかった時間を増やしていくことができます。反対に、自分がついでに行けるところがあれば、他人の時間を作り出してあげることもできるのです。

仕事が速いリーダーは、会社組織を団体戦と考え、時間短縮を心がけます。

5人の職場で昼ごはんの買い出しを当番制にすれば、コンビニまで往復20分かかるとして、4人×20分で1日80分も時間を作り出すことができます。午前中にかかってきた電話も当番制にすれば他の4人は集中して仕事に取りかかることができ、組織全体の仕事が速くなります。

仕事が速いリーダーになるためには、仕事の効率化、特に**重複している仕事はないか、仕事を抱え込んでしまい動きの取れない部下はいないか、などを検討しながら進めていくか**

なければなりません。

リーダーとして成功するためには、「鳥の目」、「虫の目」、「魚の目」の３つの目が必要だと言われています。

鳥の目は、大空を飛び回る鳥のように高いところから全体像を把握する目。虫の目は、地を這《は》う虫のように近くからじっくりと観察する目。魚の目は、川を泳ぐ魚のように全体的な流れを感じ取る目です。

仕事が速いリーダーは、３つの目で見ています。全体や流れを把握した上で、部分的な仕事を部下に任せるのです。だから、部下同士が同じ仕事をしたり、ムダな時間を過ごさないように配慮したりすることができ、仕事が速くなるのです。

06 仕事が速いリーダーは、チーム全体を見通すことができる！

07

速いリーダーは早く来て早く帰り、遅いリーダーは遅く来て遅く帰る。

労働時間が一緒でも、出社する時間によってリーダーの評価は大きく変わります。勤務時間が9時から5時、労働時間7時間、休憩時間1時間の会社だったとします。朝1時間早い8時に来て、定時に帰ると労働時間は8時間。1時間遅い10時に来て、2時間残業して帰っても労働時間は8時間。出社する時間帯が違うだけで、労働時間はまったく同じ8時間。1時間早く来るか1時間遅く来るかの違いだけです。しかし、たったこれだけの違いで、仕事が速いリーダーになるか、仕事が遅いリーダーになるかが決まるのです。

プレイングマネージャーの仕事は、大きく分けて2つあります。自分自身がプレーヤーとなって働く仕事と、部下をマネジメントする仕事。つまり、自分の仕事に専念するだけではなく、マネジメントもしなくてはなりません。

指示を待っている部下と同じ時間に出社する。それだけでも最初の1歩が遅れてしまいます。

また出社中にいいアイデアが浮かんでも、急な要件を思い出しても、着いた途端に部下に相談を持ちかけられたら忘れてしまうかもしれません。心に余裕を持たせるためには、部下よりも早く出社するのです。私は、定時の1時間前には出社しています。

1時間前に出社するメリットは、上司や部下からの指示や相談がないばかりか、電話やメールも来ないので集中して仕事ができることです。すると、出社した部下へすぐに指示が出せるようにマネジメントを考える余裕も生まれます。

スケジュールやメールのチェック、雑務などは出社したらすぐやりたい仕事です。それを忙しそうにやっている上司の背中を見た部下は、相談があっても話しかけづらいものです。

部下を待たせるということは、組織全体で見ると仕事が遅くなるということです。テキパキこなせる雑務を部下が来る前に終わらせていれば、そんな慌ただしい姿を見せる心配もありません。

一方、仕事が遅いリーダーは、定時どころか遅れて来ます。


以前の職場で、工事部の課長が部長に昇進しました。

その工事部長は、今まで定時に出社していましたが、昇進後は週に2、3回は遅刻。1時間遅れて出社してくることもザラにありました。

話上手（ムダ話好き）で有名な工事部長。誰の何が短所で、どのように変えればいいのか？　費用圧縮についてや役所との折衝についてなどを、理路整然と話します。誰かが止めないと永遠に話しているタイプ。理想論としては合っているだけに反論もできず、もし反論しようものなら話が3倍長くなるので部下は黙って聞いているだけでした。

しかし、どれだけいいことを言っても、遅刻してくることで信頼を得られないのです。どれだけ頑張れと言っても、部長が頑張ってないじゃないかと映るのです。


工事部長は、朝の遅刻を取り返すために遅くまで残業していました。

しかし、誰よりも遅く帰っても尊敬されません。むしろ部長が帰らないから、自分も帰りづらいだろうと内心思われています。尊敬できない上司のもとでは、仕事が遅くなります。

リーダーにとって「有言不実行」は、もっとも避けなければならないことです。

遅刻してくるリーダーに頑張れと言われるのは、まるでヘビースモーカーでメタボな上司に「タバコはやめた方がいい。暴飲暴食は避けた方がいい。早寝早起きは健康にいい」と言われているようなものです。理屈では正しいけれど、感情としては受け入れられません。

部下は上司の言葉にうわべでは従います。しかし、心の中は分かりません。どれだけ忙しかったとしても、遅刻してきただけで言葉は説得力を失います。

仕事が速いリーダーは、早く来ることで雑務や集中したい仕事を片づけます。そして定時に出社してきた部下の話を聴く体制を整えます。また早く帰ることで、社外の仲間と情報交換をしたり、セミナーに参加して見聞を広めることもできるのです。

07 仕事が速いリーダーは、朝の時間を上手に使う！

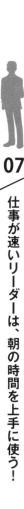

08 速いリーダーはビジョンで語り、遅いリーダーは気合いを語る。

京セラを設立し、日本航空をたった2年で再生させた稲盛和夫氏。私が尊敬する経営者のひとりで、仕事に対する考え方など、多大な影響を受けています。

その中でも特に影響を受けているのが、①事業の目的・意義を明確にする、②具体的な目標を立てる、③強烈な願望を心に抱く、④誰にも負けない努力をする、など会社経営を成功に導く方法を実践項目としてまとめた「稲盛経営12カ条」。建設会社では、経営者ではなくプレイングマネージャーとして働いていますが、参考になる項目が多く、書きとめたノートを月に一度は読んでいます。

私も稲盛氏のようにリーダーについての本を書かせていただく機会を得て、「仕事が速いリーダー」と「仕事が遅いリーダー」のマインド（気持ち）の違いを改めて考えてみました。

その違いは、「リーダーとしてビジョンを持ち部下と共有しているか」、「ビジョン自体を持っていないか」であることに気がつきました。言い換えると、**部署全体がビジョン通りに行動しているか、何も考えないで行動しているかで、組織全体の仕事のスピードが大きく変わってくるのです。**

以前の会社で課長に昇進したときは、まったくビジョンを持っていませんでした。上司から言われた仕事をこなし、自分の手足として部下を使うだけ。自分の居場所がなくなるかもしれないという不安から、部下に重要な仕事は任せません。仕事を任せないので自分だけ忙しく部下は暇になり、会社全体としても仕事が遅くなるという悪循環。今考えるとダメなリーダーの見本でした。

転機となったのは、現在の建設会社に転職してからです。景気が悪い時期に遅ればせながら、会社のビジョンを役員とともに考えたのです。同時に部署のビジョンも考えました。存在理念、経営理念、行動理念、10年先までの受注目標、利益率目標、人員確保と組織の目指すべき姿を描きました。

そのビジョンを作成したときに参考にしたのが、「稲盛経営12カ条」です。

あなたの会社や部署でまだビジョンがない、作り直したいと考えているのなら、ぜひ参考にしてみてください。


ビジョンがあれば、それに沿って具体的な方針を打ち出し、部下との共通認識のもと仕事を行うことができます。認識のズレが生じない分、仕事が速く進むのです。

さらに、部署全員が認識しているビジョンがあると、リーダーの独断で間違った行動をする機会も減り、部下も納得して仕事をすることができます。


ビジョンを持っていないリーダーは、部下がピンチになると「頑張れ」という言葉を口にします。ビジョンがないので「頑張れ」しか言えないのです。

「頑張れ」、「頑張ります」は響きのいい言葉です。しかし、何か言っているようで何も言っていないのと同じです。そもそもリーダーの期待している頑張り具合と、部下が思っている頑張り具合が一致しているとは限りません。

例えば、リーダーは利益の出ていない現場でなんとか５００万円まで頑張ってもらいたいと考えているのに、部下は２００万円まで頑張ったからいいと納得している場合もあるのです。勘違いの３００万円分を取り戻すためには他の仕事で穴埋めしなければならず、それこそ頑張らなければならなくなります。

「利益目標４％」、「各工事現場で損失は出さない」、「損失が出そうな場合は直属の上司にすぐ相談する」など具体的な取り決めや、ビジョンがあれば、リーダーと部下が共通認識のもとで仕事ができ、誤解が生じなくなります。

ビジョンのない会社に未来はないと言っても過言ではありません。

08 仕事が速いリーダーは、将来を見据えた行動ができる！

第2章

日常生活・環境 編

09

速いリーダーは机がブランドショップ、遅いリーダーは机がドン・キホーテ。

以前勤めていた会社に、机の四方を書類の山で囲うようにして仕事をしている人がいました。書類だけではありません。お菓子、カップラーメン、文房具、名刺などの小物が散乱し、まるでにぎやかなドン・キホーテのようなのです。

こんな状態だと、日常的にトラブルは起こります。

部長から「M商事の見積書、あれ見せてもらえる?」と言われた彼は、焦りだします。「あれ、どこだっけ?」と書類の束を探してみますが、なかなか見つかりません。それを見て呆れた部長は「おー、見つかったら、声かけてくれ」とデスクに戻ります。

実は見積書、机の上の書類の束ではなく、デスクの引き出しに入っていたのです。30分以上かけてようやく見つけ、部長のところに持っていくと、「出てきたか。よかった」と、温厚な部長はほっとしています。そして今度は「そうだ、M商事の契約書も見せてくれないか?」と言われます。

彼は自分のデスクに戻り、引き出しを必死で探しますが出てきません。

さすがに部長も「いったい、何をやっているんだ!」と怒鳴ってしまいました。

結局、2つの書類を捜すのに1時間半も使ってしまったのです。

その間、何も生み出せていないのですから、これでは「給料泥棒」と言われても返す言葉がありません。


さすがに新人ならまだしも、リーダーでこのような人はいないだろう、と思うかもしれません。確かにリーダーですから、しっかりとした管理能力を持っているはずです。しかし、こういう人は意外といるのです。

私もリーダーになって分かりましたが、**とにかくリーダーは仕事量が多いのです。ですから、つい整理整頓を怠りがちになります。**部下から急な稟議書や書類が上がってくることも多く、私も課長になりたての頃は机の上が散乱していました。上司や部下から書類の場所などを聞かれたときは、探すのに時間がかかっていたのです。

パソコンも要注意。簡単にファイルやフォルダを作ることができるからです。置き場所に困らないのでどんどん作ってしまいます。

机の上が散乱している人は整理・整頓が苦手なので、パソコンの中も散らかっています。「あのファイルは、どこに保存していたか」と悩み、見つけるのに時間がかかってしまうのです。

ある文房具メーカーの調査によれば、平均的なビジネスマンは1日10分、年間150時間を探しものに費やしていると言います。まさに私も1日平均すると10分は探し物をしていました。

今では、次のような対策を立て、探す時間を極力減らしています。

① パソコンでは、ファイル名にルールを持たせる

フォルダを開いたとき、ファイル名を見ただけで目当てのものが探し出せるようにしておきます。例えば、2016年5月2日の会議で提出した企画書は「160502 企画書」といったように会議日などもファイル名に加えます。「企画書①」、「企画書②」のようなタイト

ルでは探すのに時間がかかります。

② 整理の時間を1週間に30分だけ設ける

書類をその都度整理整頓するようにといっても、ときには忙しすぎて、机の上に書類を重ね続けてしまうこともあります。週のどこかで、整理する時間を設けましょう。

③ 重要な文房具は2つ買う

探すのに時間がかかるのは、ちゃんと片づけていなかった場合だけはありません。机の下に転がってしまった消しゴム、他の人が急な用事で持っていってしまった電卓など、一時的に見つけられない場合もあります。そこで私は、文房具や電卓などはスペアを用意しています。これらを探す時間は、もっともムダな時間です。

探し物に時間をかけずに済めば、その時間を仕事に投入し、速くこなすことができるようになります。仕事が速いリーダーは、机がブランドショップのように整然としているのです。

09 仕事が速いリーダーは、書類やモノの所在を把握している！

10 速いリーダーはやめてしまい、遅いリーダーはやり続ける。

平日の朝8時30分から夕方5時までは、建設会社に勤務しています。役職が上がれば上がるほど、部下が増えれば増えるほど、仕事の量は増えていきます。増えた仕事は、その分残業することで対応できますが、「はじめに」でも述べた通り建設会社以外の仕事もしていきます。定時に終わらせなければ、他の仕事にしわ寄せがきてしまいます。

仕事の量が増えても残業せずに帰るには、現状維持ではいけません。限られた時間の中で仕事を終わらせるためには、不要な行いを削って、価値のある行いに絞ることです。簡単に言うと、今までやっていたムダなことをやめて、空いた時間を作り出せば、その時間で必要な仕事ができるのです。

代表的な例を3つ挙げてみます。

① タバコをやめる

タバコを1日10本吸う人なら、1本5分として1時間弱の時間を使います。1箱で2時間弱。

分煙化が進み、職場で吸うことが難しくなりました。喫煙所も限られており、移動するだけで時間が奪われます。私は8年前までタバコを吸っていました。6階で働いていて1階の喫煙所まで行かなければ吸えなくなり、やめました。何度、禁煙にチャレンジしても無理だったのに、時間が勿体《もったい》ないという理由でやめることができたのです。

代わりにガムを噛めば、眠気も覚めるし、脳の活性化にも良く、キシリトール入りならむし歯も防げます。そして何より、どこでも噛めるので時間をムダにすることがありません。

② スマホを見ることをやめる

アンドロイドアプリの開発会社のデータによると、私たちは1日平均110回、多い人で900回もスマホをチェックしているそうです。メール、ライン、フェイスブックを受信するたびにチェックをすれば集中力は失われ、私用な連絡を返信することで業務に支障をきたします。

また**スマホを時計代わりにしている人は、時刻を確認する目的でスマホを見てもＳＮＳの受信マークが気になり、つい内容確認をしてしまいます。**

昼休みまではスマホの電源を切る、スマホを見る時間を決める、スマホで時刻を確認している人は時計を買うなどして、ムダにスマホを見ることをやめてみましょう。

特に時計代わりにしている人は、置き時計に替えることをおすすめします。置き時計は机に置けるので、腕時計や掛け時計を見る動作より目の動きが少なくて済み、時間を短縮することができるからです。

③自分でやることをやめる

今まで自分でやってきたことを洗い出してみてください。特に残業してでも終わらせていた仕事のうち、上司、同僚、先輩の力を借りれば定時で終わるものはなかったか？　後輩や部下に任せられるものはなかったか？　チェックしてください。また社内だけではなく、マイナンバーの問題なら社会保険労務士、税や会計なら税理士、司法関係なら弁護士というように、士業に頼むことで長い時間かけて考えていた案件が、すぐに解決できる場合があります。外部に頼んだ方が、残業手当などのコストよりも安いなら、なおさらです。

ホームページやネットワークを構築するときなども、**専門家に頼むことで大幅な時間短縮とクオリティが保証され、空いた時間は本業に集中することができるのです。**

就業時間は８時間なら８時間と決まっています。その時間をいかに効率的に過ごすかが重要です。

タバコを吸い、スマホをチェックしていると、すぐに時間は経ってしまいます。どれだけスピードアップしても、ムダな仕事や不得手な仕事に時間を使っていては意味がありません。

仕事が速いリーダーは、限られた時間の中で「やること」と「やらないこと」を分け、さらに削れることがないか考えることで仕事のスピードアップを図っているのです。

10 仕事が速いリーダーは、生産性のないムダな時間をなくす！

11 速いリーダーはアイスコーヒーを飲み、遅いリーダーはホットコーヒーを飲む。

あなたは、アイスコーヒーとホットコーヒー、どちらが好きですか？

私は、ホットコーヒーが大好きです。

温かい飲み物のほうが身体に良く、ホッと一息つけるイメージがあります。冬に寒い外から戻ってきたときのホットコーヒーの美味しさは格別です。白い湯気とともに広がるあの香り、身体が温まると同時にリラックスできます。


以前は、ランチのあとにホットコーヒーを飲んでいました。しかし、心がゆったりしたまま午後の仕事に入ってしまい、スピードが落ちている感じがしていました。

食後なので多少スピードが遅くなっても仕方ないと思っていましたが、エール大学のジョン・バーグ教授らが「サイエンス」誌に発表した研究を読んで、その理由が分かりました。

被験者に温かいコーヒーと、冷たい飲み物をそれぞれ別の人が渡します。そのあと、どちらの飲み物をくれた人が信頼できるかを聞くという簡単な実験です。その結果、温かいコーヒーを渡した研究者の方が信頼できるという答えが多かったのです。

温度を感じる能力と相手を信頼できるかどうかを決める能力が、脳の同じ部分で操られていると言います。よって**相手から信頼を得たいときには温かい飲み物を出し、大切な物事を決める際には冷静になれる冷たい飲み物を飲むといいのです。**

セールスマンの中にはこの論理を利用して、お店に来たお客様に意図的に温かい飲み物を出している人もいます。

この理論から、冷静な判断をしなければならないリーダーは、仕事中に飲むのはアイスコーヒーがいいということになります。冷静な判断ができるということは、仕事に対するスピードも上がるということです。

一方、温かい飲み物をとると安心し、ゆったりモードに入ってしまいます。確かに仕事中でも一息つくことは必要です。ただ一息ばかりついていては仕事がはかどりませんし、なかなか仕事モードに心も体も戻せなくなってしまいます。

私も会社では、大好きなホットコーヒーを我慢して、アイスコーヒーを飲んでいます。ホットコーヒーを飲んで休むのは、仕事が終わってからです。

飲み物に限らず、この休憩タイムは非常に重要です。

仕事が遅いリーダーは、休憩に入ったあと、なかなか仕事モードに戻せません。休憩前よりスピードが落ちてしまうのです。

休憩後、仕事モードに戻すのに20分かかる人もいます。仮に昼休みと5分休憩を4回とったら、1時間40分は能率が悪い状態になってしまいます。

一方、仕事が速いリーダーは、休憩中にアイスコーヒーを飲んだり、外に出て2、3分体操したりします。また、昼休みには、スマホを使ってテンションが上がる音楽を聴くのもいいでしょう。

休憩時間から、再度仕事に戻ったときにエンジンがかかる儀式をするのです。

余暇・休養という意味の「レクリエーション」の語源は「re-creation」です。「re」は「再び」、「creation」は「創造」、つまり「再創造」を意味します。余暇や休養は、仕事による疲労を精神的・肉体的に回復することが目的であり、再び活発に仕事を行うためのものなのです。

余談ですが、高校受験で英語の勉強をしているときに、「re」が「再び」を意味することを知りました。リサイクル（recycle）＝再利用、リプレイ（replay）＝再生、リロケーション（relocation）＝再配置など、英語の勉強がちょっと楽しくなる出来事でした。

11 仕事が速いリーダーは、冷静な判断をするための準備をいつもしている！

12

速いリーダーは運動を事務でも行い、遅いリーダーはジムでしか行わない。

私が知っている超一流の経営者の共通点は、スポーツジムに通っていることです。彼らは、ガムシャラに働き成功者になり、そして経済的な自由を手に入れました。この事業を維持し、さらに成長させていくためには、自分自身が健康でいなければなりません。また自分が倒れてしまうと、家族や従業員を路頭に迷わすことにもなります。だから健康に対する重要性がより高まり、運動することで健康な身体を維持しているのです。

しかし超一流の経営者は、文字通り「超」がつくほど激務です。

そんな忙しい中、なぜジムに通えるのか?

年収3億円を超える経営者から聞いた話です。

「まずジムに行く日を決めること。決めたらスケジュール帳にそれを書き込む。人に会う約束より先に、ジムを予定に入れてしまうんだ」と言っていました。

スポーツに限らず、**プライベートの時間を大切にしている人は、自分との約束もスケジュール帳に書き込んで他の予定を入れない方法をとっているのです。**

30代を過ぎると新陳代謝も悪くなり、身体の脂肪が落ちにくくなります。メタボ検診で生活習慣病の元となる危険な状態だと言われてしまう人もいるでしょう。人は見た目が9割と言うように、太っているだけで仕事が遅いイメージを持たれてしまいます。

仕事が遅いリーダーは、それを分かっているのに、忙しすぎてジムに行く暇もないといって健康管理を疎かにします。すると、健康を害して病院へ行ったり、休まざるをえなくなったりして、さらに仕事が遅くなるという悪循環に陥ってしまいます。

しかし、ジムに通わなくても、運動することはできるのです。

それは歩くことです。

歩くことは一番気軽にできる運動です。まず準備がいりません。実は続けられない原因のひとつに、準備が面倒ということが挙げられるのです。ジム、水泳、野球などは、まずその施設へ行かなければできません。水着やユニフォームに着替えたり、バットやグローブを用意しなければなりません。頭でこの準備を考えるだけで面倒になり、続かなくなるのです。

歩くとは、立ち上がって一歩前に出ること。準備という手間のいらない最速の運動なのです。

私の友人に「歩き方」の専門家で、柔道整復師の新津和明先生がいます。姿勢と歩き方の専門院「アルケル治療院」の院長である新津先生から、歩くことの重要性を聞きました。「私たち人は動物の一員です。字のごとく『動く生物』です。その動く生物が動かなくなると、いずれ食べられなくなり、当然生きていけなくなります。

仮に私たち一人ひとりが歩くことをやめてしまえば、地球上から人という動物が絶滅するという一大事が起きてしまいます。

逆を言えば、歩いているからこそ生存し、現在まで進化し続けています。

歩くことは、身体の筋肉の6~8割を働かせている全身体操と言われています。寝たきりになってまったく動けなくなると、筋肉は3日で衰えて骨も脆くなり、身体が弱ってきてしまうのです」

創業37年の治療院の子供として生まれ、幼い頃から友達は患者さん。生まれながらにして人の痛みと向き合う環境下で育ち、いつか自分も身体の痛みで悩む人の役に立ちたいと考え柔道整復師になった新津先生から聞いた話には説得力があります。

しかしデスクワークの多い仕事では、歩くことを習慣化するのは大変です。

そこで登場するのが万歩計です。**毎日の歩数を記録し昨日の自分より一歩でも多く歩く。**記録をするとゲーム感覚で歩くことができるのです。週間や月間で記録を塗り替える、という目標も立てられます。体重や体脂肪と一緒に記録すると、より楽しめます。

まとまった時間を確保しなくても構いません。エレベーターやエスカレーターを利用していたのを階段に変える、一駅前で降りて景色を楽しみながら歩く、コピーをしている最中に屈伸するなどして、一歩でも増やしましょう（笑）。

12 仕事が速いリーダーは、健康管理に人一倍気を使う！

13
速いリーダーは決断が速く、遅いリーダーは決断が遅い。

「仕事が速いリーダーは決断が速くて、仕事が遅いリーダーは決断が遅い。そんなこと当たり前じゃないか。読み飛ばそう」と思ったなら、もう少し待ってください。当たり前を超えた話を、今からしていきます。

大学講師をはじめ5つ以上の仕事をしているIさん。プライベートでは、食事に行く場所から、メニューの選び方、二次会の場所まで、とにかく決断が速い。私も決断は速いと自負していましたが、Iさんにはかないません。

最近、Iさんが「決断力」についてのセミナーを開いたので参加してきました。

「なぜ皆さんは決断が遅いのか？　それはその場で判断しようとするから遅くなるのです。常日頃から優先順位をつけておき、その状況になったら優先順位の高いものを選べばいいのです。私は**決断する状況になったときには、何をするか誰を選ぶかが、すでに決まっ**

ています」と言っていました。確かに「悩む、選ぶ、迷う」というのは、ムダな時間です。この3つを削減できれば仕事が速く片づきます。

Iさんは、もっと細分化していると前置きをしてから優先順位の順番を、先約↓家族↓仕事↓友人↓部下↓上司……というように決めていると言っていました。先約が一番で、先約がなく約束が重なった場合は、仕事より家族、部下より友人を優先させると決めているそうです。決めているので決断が速いのです。いやすでに決まっているので、決断すらしていないのかもしれません。

さらにIさんがすごいのは、奥さんと2人の子どもがいるそうですが、もし救命ボートでひとりしか助けられないとしたら、誰を助けるかの順番もすでに決めているそうです。私も2人の子どもがいますが、考えたくもない話ですし、どれだけ考えても優先順位をつけられません。賛否両論あるとは思いますが、Iさんの話を聞いて、ここまで優先順位をつけられるからこそ、決断が速いのかと納得したことを覚えています。

リーダーに決断力がないと個人だけではなく、会社全体での仕事も進みません。

以前の工事担当リーダーは、仕事が遅いリーダーでした。どの仕事を受注するか、受注目標はいくらか、利益目標は……いつも決断が遅いのです。

工事を受注するためには、早く見積金額を精査しないと、ライバル会社に競り負けてしまいます。受注目標が決まらないと、いくらの工事を受注するのか、それこそ判断ができません。利益目標がないと、利益率がいくらの工事を取ればいいかの判断もできません。

決断が遅れたことで逃した工事や、見積もりの精度にかけて予定より安い金額で取った工事もありました。

熟考するのと決断が遅いのとは違います。期限を決めて決断しないと、いつまでも仕事が進まないのです。

自分は決断力がないと思っている人は、日頃から決断を速くするために「決めておく快感」を体験してみてください。

私はファミレスや喫茶店に行くと、飲み物なら（ホットかアイスかは先に決めていますが）メニューの5番目、食べ物ならメニューの7番目を注文すると決めています。

コンビニで昼ごはんを買うなら「枝豆」に「サラダ」、「砂肝」と決めています。品切れのときに代わりに買うものも決めています。決めているので迷うことがありません。決めているので、決める時間は０秒です。

同僚が悩んで決めかねているところを自分は０秒で決めているので、決断が速い人になった気になります。周りの人からも決断が速いと評判になります。この快感を経験すると、仕事でも決断が速くなるのです。

またアップルの共同創業者スティーブ・ジョブズは、御存じのように黒のタートルネックにジーンズ、足下はスニーカーというスタイルでした。フェイスブックのＣＥＯ、マーク・ザッカーバーグや相対性理論で有名なアインシュタインも毎日同じスタイルです。ビリギャルで有名な坪田信貴先生の昼ごはんは、とんかつカレーの１辛、ルーを一杯追加で、ご飯少なめ（２００ｇ）と決めています。決めているから速いのです。

13 仕事が速いリーダーは、優先順位を予め決めている！

14 速いリーダーは軽自動車に乗り、遅いリーダーは高級車に乗る。

私は今でこそ大学や専門学校で講師をし、講師オーディションでも優勝していますが、20代後半までは人前で話すのが大の苦手でした。赤面恐怖症を治す講座にも足を伸ばしたくらいです。

税理士資格を取ったあとも、そんな性格を直して関係者の皆さんときちんと話せるようになりたいと思い、「セミナー講師養成学校」に通いました。

学校が終わったあとは、懇親会にも参加していたので、先生とも仲良くなりました。十冊以上の書籍を出版している先生です。北海道の田舎育ちで、高見山と見栄晴しか目撃したことがなかった私にとって、その先生はカリスマ的存在でした。

オーダーで仕上げたワイシャツとスーツ、高級な靴、１００万円を超える腕時計。憧れでした。

ある日、その先生の事務所へ遊びに行く機会がありました。

田舎にあるその事務所は、お客さんが来ることもないので執筆活動にだけ使っていると聞いていました。

車のナビに事務所の住所を登録して出かけます。1時間後、事務所周辺に近づきましたが、それらしき建物は見当たりません。「目的地に到着しました。案内を終了します」というナビのアナウンスが終わっても事務所がないのです。看板ひとつ立っていません。あるのは、ボロボロの黒く霞《かす》んだ木造の小屋。その駐車場には、5万円もらってもいらないようなポンコツの軽自動車。

「まさか、ここ!」

立てつけの悪い引き戸のドアを、思いっきり引っ張ると、そこには……先生が立っていました。

先生いわく「誰も来ない事務所や、通勤でしか使わない自動車にお金をかける必要はない。講師業は夢を売る商売。ヨレヨレのスーツを着て安い腕時計をしている人から、成功の話を聞いても説得力がないでしょ？　ブランド力を高めるためには、事務所や車よりスーツや時計にお金をかけた方がいいんだよ」。

限られた資金をどこに投資するかということを考えての戦略。さすがだと思いました。

顧問先の社長は40代。70代の父親から8期連続赤字だった会社を引き継ぎ、3期連続黒字に回復させたやり手です。

社長といっても総務部長を兼任するプレイングマネージャー的な存在。誰よりも早く会社に来て3人分は働いています。人員整理で3分の1の社員が辞めたため、社長自ら3倍の仕事をしなければなりません。

車はなんと軽自動車。先代の社長は、運転手つきの最高級ドイツ車でした。リモコンでシャッターを上げ下げできる車庫も完備されていました。しかし、新社長はその車庫を使わず、会社の玄関から一番近い、事務所の壁に面した青空駐車場に停めています。すぐに発進できるしバックで停める必要もない。玄関から一番近いので数歩で事務所に出入りできる。軽自動車なので狭い裏道を走るのにも便利。

運転手つきの高級車に乗って時間をかけるよりも、小回りのきく軽自動車に乗って活動したほうが速いのです。シャッターを上げてバックで駐車しシャッターを閉めるより、青空駐車場に停める方が速いのです。

また、社長室を最上階から1階に移し、すぐに現場に出られるように作業服で出勤しています。作業服で出勤すれば、毎朝スーツを選ぶのに悩む時間も削減できます。

仕事が速いリーダーになればなるほど、始動が速くできることを優先するのです。一方仕事が遅いリーダーは、始動の速さよりも威厳や見栄を優先します。**昇進すればするほど、役職が上がれば上がるほど、機能性より高級感を重視してしまう方を多く見かけます。**

前述した先生は、限られた資金をどこに投資するかで戦略を立てました。新社長は、限られた時間をどのように使うかで戦略を立てました。

あなたは体裁を気にして余計なものにお金や時間を使っていないでしょうか？　ここで一度見直してみてください。限られた資源をどう使うか、戦略を立てましょう。

14 仕事が速いリーダーは、見栄えよりも機能性を重視する！

第3章

部下との
コミュニケーション 編

15 速いリーダーはいつも愛想が良く、遅いリーダーは機嫌が悪い。

私は建設会社で働く一方、税理士として多くの経営者やリーダーから経営や財務の相談を受けています。その活動の中で「景気が悪くても、業界が低迷していても、いつか立ち直れる」、そんな気持ちにさせてくれる企業に出会うことがあります。そしてそれらの企業にはある共通点があるのです。

それは、社内に活気があるということ。

活気さえあれば「いつかは上向く!」、そんな気にさせてくれます。

以前勤めていた建設会社。「冬の時代」と言われ、業界全体がなかなか上向かなかった頃の話です。

取締役工事部長のBさんは、午前中機嫌が悪くて有名な人でした。「おはようございます」と挨拶しても無視。良くて頷く程度。

だからといって、役員であるB部長に挨拶しないわけにはいきません。無視されると分かっていて挨拶するのは辛いことです。職場の雰囲気も悪くなります。もちろん活気などまったくありません。

飲み会のときに、機嫌が悪い理由を思いきって聞いてみました。若気の至りとはいえ20代の私がよく聞けたものです。

返ってきたのは「単身赴任で埼玉に来て、夜も遅いし、生活のリズムが悪いのかな？寝覚めが悪くて、それが尾を引いているんだよな。誰かに文句があるわけでも機嫌が悪いわけでもないけどな」との答え。機嫌が悪い理由を聞いたからといって何か解決策があったわけでもなく、その場は聞きっぱなしで終わりました。

そして次の日の朝、「昨日はご馳走様でした」とお礼を言っても、やはり返事はありませんでした。

そのあと、B部長が退任し、新たにA部長が本社から転勤してきました。B部長とは正反対。とにかく明るいA部長です。

朝は誰よりも早く出社。大きな声で「おはよう」と先に挨拶をしてくれます。

仕事中も進捗状況を気にかけ、作業現場もよく回り、明るく活気のある雰囲気が会社に戻ってきました。すると、業績も徐々に上向いてきたのです。

私も、リーダーになった現在、部下よりも早く来て、朝の声がけをしています。これもA部長の影響です。

また職場の雰囲気だけではありません。B部長の時代は質問や提案をする時間を気にしていました。B部長の機嫌がいい時間に提案をしなければならなかったからです。午前中は声をかけられる雰囲気ではなく、小さな質問もできません。そのためB部長がリーダーだった頃は業務が進まず、仕事が遅くなりました。

仕事が遅いリーダーは、自分の感情をコントロールできず周りに迷惑をかけます。会社の雰囲気も悪くなり、部下も質問しづらくなるなどして、仕事が遅くなるのです。

いつでも質問ができる雰囲気のあるA部長に変わっただけで、業務が滞ることなくスムーズになり、格段と仕事が速くなりました。**明るいリーダーのもとでは、職場に活気がうまれ、仕事がスムーズに進みます。**

もしも、あなたがB部長のように、「朝は機嫌が悪い」というのなら、以下の方法を試してみてください。誰でもできる簡単な方法です。

それは**目覚まし時計で起き上がる方法から、明るく元気になる曲で起き上がる方法に変える、**これだけです。

「夢は7割悪い夢」と言われています。しかも、起きたときには覚えていないことも多い。

「なんとなく気分が落ちている」、「今日は会社に行きたくないな」などと感じる寝覚めが悪い朝は、覚えていないだけで悪い夢を見ていた可能性が高いのです。

そんな気分を変えるためには、「明るく元気になる曲」で起き上がるのです。

記憶は次々と新しいものに塗り替えられていきます。何もしないでボッーとするよりも、明るく元気になる曲を聴いて悪い夢の記憶を塗り替えていきましょう。

プロレスやプロ野球の選手が自分の気持ちを鼓舞するための入場曲を決めているように、あなたも明るく元気になる曲から一日のスタートをきりましょう。

15 仕事が速いリーダーは、いつでも明るい！

16

速いリーダーは車に酔い、遅いリーダーは自分に酔う。

リーダーになる人は、過去に輝かしい業績を上げ、何かで結果を残し、何かに秀でている人が多くいます。ひとつや2つの自慢話、武勇伝を持っています。それを言うか言わないかの違いだけです。

もし、あなたの上司がこのような武勇伝を語ってきたら、我慢して耳を傾けてあげてください。上司の自慢話に相槌を打ちながら、キラキラと輝く瞳で聞いてあげるのです。

上司が語れる唯一の武勇伝です。1年に4回ぐらい、ひとつしかない自慢話を同じようにするでしょう。もう耳にタコができて、暗唱までできるかもしれませんが、それでも耐えてください。

そうすれば、上司からあなたは気に入られ、コミュニケーションも円滑になる可能性が高くなるからです。

同時に「自慢話は部下をこんなにイヤな気持ちにさせるんだ。上司はイヤな役を演じてそれを教えてくれているんだ」と思えばいいのです。

あなた自身は部下に自慢話、武勇伝を語るのは絶対にやめてください。

その理由は「部下から嫌われないためかな?」と思ったかもしれません。確かにそれもあります。しかし一番の理由は、情報から取り残されないためです。

リーダーになると、チームの中では自分が一番仕事ができると勘違いしがちです。すると、部下の話に耳を傾けなくなります。

私自身がそうだったのですが、ひどいときは社内で仕事が一番できると思っていた時期もありました。

今となっては恥ずかしい限りです。

同じ部下と5年以上つき合っていたら、もう自慢話(武勇伝)は言い尽くしたと思った方がいいでしょう。

若手のメンバーは、子供の頃からパソコンや携帯電話に精通しています。高校や大学でもパソコンの授業があり、知識も豊富です。私は当然、パソコンなどのＩＴスキルが彼らよりも劣っていると分かっていたのですが、認めることができませんでした。当時の私は、部下に教えてもらうなんて上司の恥だと思っていたのです。

今は、**意味のないプライドは捨て、分からないところは聞いていますが**、このまま聞かずに仕事をしていたら仕事が遅いリーダーになるところでした。

変化のスピードが激しい現代において、成功は過去のものです。過去の成功はすぐに通用しなくなってしまいます。

仕事が速いリーダーは、各々が強みを持っていると考えています。上司や先輩にはもちろん、部下にも教えを請うこともあります。まさに**「我以外、皆、我が師」の精神で、全ての人から、学べることがあると考えるのです。**

私もＩＴスキルの他にも現場で得た情報などは、部下に対して上下関係を考えず、フラットな目線でもらっていました。

会社からだけではありません。リーダーとしていろいろな知識が必要だと思っていたため、書籍を読んだり、ビジネスセミナーに出席したりして学んでいました。通勤バスの中ではビジネス書を読みあさり、車酔いしてしまうこともありました。

常に前進していこうという気持ちが強かったのです。

当然、知識も知恵もつきましたし、この部分は部下に聞いたほうがいいなと思った点は素直に聞きます。

リーダーになったら、過去の栄光にとらわれてはいけません。自分が一番だと思わないことです。自分は補佐役だと思えばいいのです。

仕事が速いリーダーは、自慢話に酔う暇があったら、部下からひとつでも多く仕事のノウハウを聞き出し、仕事のスピードアップに役立てます。

16 仕事が速いリーダーは、知らないことを誰からでも謙虚に学ぶ！

17 速いリーダーは腹を見せ、遅いリーダーは背中を見せる。

以前勤めていた会計事務所での話です。

通信販売会社である顧問先は、春の新商品のカタログを顧客に送らなければなりませんでした。しかし、完成したカタログに不備があり、変更を余儀なくされたのです。

例年4月の上旬は、エース級商品の販売が大きく見込めます。しかし、一昨年あたりからライバル会社が類似商品を提供しはじめました。宣伝広告費を使い、徐々に売上も追いつかれてきています。

このような状況の中、遅れてカタログを発送するわけにはいきません。手直しの期限は3日間。

今回の不備の発生は、仕事が遅いリーダーのBさんが、部下と意思疎通ができていなかったことが原因でした。

Bさんは、「俺についてこい」と背中を見せるのがリーダーシップだと思っているタイプ。Bさん自身が若手社員の頃、上司の背中を見て育ったこともあり、「仕事は聞くものではなく先輩から盗むものだ」というスタンスだったのです。だからBさんのところへ部下が質問に来ても、「そんなことも分からないのか」と厳しい表情で接していました。

こういう態度をとられると、部下はBさんに相談しづらくなり、コミュニケーションが図れなくなってしまいます。

結局、カタログの修正は、金曜の夜から土日も含めた3日間で、なんとか終わらせることができました。しかし、休日出勤により余計な人件費が発生しました。さらには、急な出勤で休みの予定を変更させられた部下たちのモチベーションは低下し、翌週のパフォーマンスも下がってしまいました。

一方、仕事が速いリーダーのAさんも似たような経験をしたことがありました。

そのときAさんは、「カタログに不備があったのは俺の責任だ。なんとか期日に間に合わせたいから助けて欲しい」と頭を下げたのです。

つまりAさんは、**自分の責任であると認め、背中ではなく腹を見せて「助けて欲しい」と最初に語ったわけです。**

さらにAさんは、「自分もこのページでミスしたから、注意して欲しい。二重チェック体制をとりたい」と自己開示してから不備を直しました。

加えて、「何かいいアイデアがあったら教えてくれ」と部下に相談します。すると、ある部下がこのように言いました。

「それぞれが仕入を担当している商品カテゴリーがあります。まずはそこを担当者がチェックしますので、その上でAさんがチェックしてください」

このような対策は当たり前ですが、緊急事態の場合には思い浮かばないことも多いでしょう。

また何より**Aさんの部下は、リーダーから相談されたことに対して助けることができたので、この仕事を「自分事」として捉えられたのです。**Bさんの部下が「やらされ仕事」と感じたのとは対照的です。

また、Aさんの部下は、同じ休日出勤でもイベントのあとのような達成感を皆で共有できました。

Aさんは、困ったら見栄を張らずに自己開示するので、部下はリーダーを助けようという気持ちで仕事をしていました。人によってはそのようなリーダーは情けないと思うかもしれませんが、そんなことはありません。**上司と部下は役職が違うだけで主従関係ではないのです。**

こうなると、チームメンバーのモチベーションが高くなり、仕事のスピードもパフォーマンスも良くなるのです。

仕事が速いリーダーは腹を見せる、心の内を見せる、部下との打ち合わせを密にする。

そうすることで、部下も信頼されているのだなと感じ、能動的に動くようになるのです。

17

仕事が速いリーダーは、見栄を張らずに相談する！

18 速いリーダーはいくつもの正解を探し、遅いリーダーはひとつの正解を求める。

スポーツやゲームにルールがあるように、会計にも「真実性の原則」というルールがあります。これは「会社の経営状況について、企業を取り巻く利害関係者に、真実を報告しなければならない」というルールです。

企業を取り巻く利害関係者は、仕入先、得意先、国、税務署、銀行、関係会社、株主、消費者など実に多く、これらの利害関係者に「嘘偽りのない報告をしてくださいね」というのが「真実性の原則」です。

では、ここで言う真実はどのように導き出されるのでしょうか？

例えば、会計では建物や車の価値が下がったときに、価値の目減り分を計算しなければなりません。その方法は、唯一ひとつだけの方法ではなく、定額法や定率法、級数法などさまざまな方法が認められています。

商品を売ったり買ったりするときも、三分割法や分記法、総記法などさまざまな会計方法が認められています。

つまり会計処理は、**唯一の方法（絶対的真実）**ではなく、法律で認められた範囲内なら会社の実情に応じて**さまざまな方法（相対的真実）**の中から選んでもいいのです。

小学１年生の授業風景。

先生に「１＋１は？」と聞かれたら、大きな声で「にぃ〜」と答える子供たち。これしか正解がないと考えるのが絶対的真実。

しかし学年が上がるにつれ、「ふたつ」やワンツースリーの「ツー」、そして無言で「Ｖサイン」を掲げるという正解も導き出せるようになります。さまざまな正解がある。これが相対的真実。

これをリーダーに当てはめると、仕事が速いリーダーは相対的真実を求め、仕事が遅いリーダーは絶対的真実を求める傾向にあります。

私は建設会社に勤めています。

建設物の特徴は、請負金額が一般の製造業と比べて高額なことです。物件によっては、数十億円、数百億円になることもあります。

また、ひとつの工事を完成させるためには、土工事、コンクリート工事、鉄筋工事など20種類もの工種から構成されている場合が多い。個別に受注して生産するので、オーダースーツと一緒で、同じ工事はひとつもありません。

これらの理由から担当した現場の所長の責任は重く、工事完成のための全権を握っています。その工事現場の中では、所長（リーダー）は社長と同じなのです。

そんな現場で成功しないのは、絶対的真実を求める所長（リーダー）。

ワンマン社長のように自分が言ったことが絶対。この仕事の手段は自分の考えた方法が絶対。部下に自分の考えだけを強要し、部下の考えを狭めるリーダーです。

早く、安く、安全に仕上げるためにはさまざまな手法があります。どう優先順位をつけるかで正解は変わってきます。

複雑多岐な建設物。完成させる上で**唯一絶対の方法だけを主張するリーダーのもとでは、**

部下は窮屈になり、最終的にはリーダーの顔色ばかりうかがうようになります。自分で考える力まで失い、その都度リーダーに判断を仰ぐことになり、仕事が遅くなるのです。

一方、**仕事が速いリーダーは、いろいろなやり方の中から最善の方法を探そうとします。**そのため部下の意見に耳を傾けます。

部下から相談を受けた場合も、一方的に押しつけるのではなく、選択肢を広げてあげるアドバイスを行います。自分の手法が採用された部下は、認められた喜びでモチベーションも上がり、工期短縮などのアイデアも出て仕事が速くなるのです。

あなたが、もし絶対的真実思考で仕事を進めるタイプなら、たまに部下の意見を聞いてあげてください。情報収集が得意だったり、ＰＣの裏ワザに詳しかったり、大学時代に書いた卒論が今抱えている案件に役立ったり……。思わぬところで成果が出る場合があるかもしれません。

18 仕事が速いリーダーは、部下の声に耳を傾ける！

19 速いリーダーは「お前」と呼び、遅いリーダーは「君たち」と呼ぶ。

私が子供の頃から理不尽だと思っていることに、高校野球の連帯責任があります。たったひとりの部員が不祥事を起こしただけで、チーム全体が責任を取って出場辞退。毎日、汗水垂らして頑張ってきたのに水の泡。頑張ってきた子供たちの気持ちを考えるとかわいそうになるし、不祥事を起こした子も肩身の狭い思いをしながら高校生活を送らなければなりません。連帯責任は、子供を指導する上でためにならないと思っています。

3年生が1年生をいじめて出場停止に。ただし、いじめた側の3年生は卒業を控え野球部を引退しているので出場には関係がなく、いじめられた1年生が出場できない可能性があるという「ありえない話」も聞きました。

個人に対しての責任なのか、連帯での責任なのか、議論を進めれば良い点、悪い点が出てくると思いますが、「責任の所在についてのみ考えるなら、それは個人にある」というのが私の考えです。

また、この責任の取らせ方については、仕事が速いリーダーと遅いリーダーの話にも通じてきます。

私が建設会社の立ち上げに総務経理担当として参加したときの話です。

開業や建設許可の届け出、社会保険や雇用保険の加入、従業員の給与算定、その他各種手続きをほぼ任されました。このとき、社長に多くの考え方や仕事に対する姿勢を指導していただき、非常に勉強になりました。

今でこそ当たり前ですが「社員の悪口を他社で言わない」、「部下から聞いた話は公言しない」、「机の上は綺麗に片づけて帰る」、「モノを粗末にしない」など30代になったばかりの私に教訓となるようなことを、毎日叩き込まれたのです。

その中でもリーダーになる上でもっとも影響を受けたのは、叱り方です。

小さなミスについては事細かく叱られました。しかし、資金繰りや発注者との交渉といった間違えてはいけないところで大きなミスを起こしてしまったときは、「いっしー、お前らしくもない」の一言で片づけるのです。

普段は厳しく小言を言う社長なのに、大きなミスのときには「お前らしくもない」の一言で終了。かなり落ち込んでいる私にとっては、救われる叱られ方でした。

そして、この社長のためにも、次回からは同じミスを二度としないぞという気持ちになるのです。

あなたの部下が、もし大きな失敗をして大いに反省し落ち込んでいたら、「お前らしくもない」で留めてみてください。本人がそのミスについて自ら考える契機にもなります。

一方で「君たち……」という主語で叱ることが多い上司がいました。

「君たちの部署の売上が悪いな～」

「君たちの残業時間が他部署と比べて長い。来年から削減するように」

「君たちの作った決算書にミスがあった」

ミスをした部下にとっては、自分ひとりではないという安心感（ただし他の社員に迷惑をかけたという罪悪感がある場合もあります）、ミスをしていない部下にとっては、なぜ自分までという不信感。どちらの部下にとってもいい叱り方ではありません。

この叱り方では、人は成長できないのです。責任の所在がはっきりせず、反省点も見えづらいため、同じ失敗を繰り返し、ミスによって仕事が遅くなります。**部下の仕事が遅くなれば、チーム全体やリーダーの仕事も遅くなるのです。**

仕事が速いリーダーは、個人に対して叱ります。責任の所在をはっきりすれば、本人も反省するからです。

また重大なミスに対しては、「お前らしくもない」というように叱ります。細かい指摘をしないことにより、部下は自分のミスを冷静に振り返ることができ、次回からは同じようなミスをしなくなり、仕事が速くなるのです。

19 仕事が速いリーダーは、責任の所在をはっきりさせる！

20 速いリーダーは年上をやる気にさせ、遅いリーダーは年下のやる気を奪う。

毎週日曜日は資格の大原で簿記の講師をしています。建設会社に勤務しているときは、プレイングマネージャーの立場で仕事をしていますが、大原では年下の上司のもとで働いています。

その上司から、次のような業務連絡のメールが来ました。

「お疲れ様です。来週いよいよ公開模試です。受講生がひとりでも多く合格するように頑張りましょう！　なお公開模試は、いつもより1時間早い8時出社になります。先生にはご迷惑をおかけしますが、よろしくお願いします。念のため確認のご連絡でした。ついでに勤務報告書もその日に提出をお願いします」

大原に勤めて13年。公開模試のときには毎回8時に出社するのは常識です。一度も遅刻をしたこともないのに何を今更と思いながら読んでいましたが、最後の一文を読んでメールをくれた理由が分かりました。

本来の目的は、勤務報告書提出の催促だったのです。2週間前が提出期限です。完全に私のミスで提出していませんでした。期限内に提出しないと給料を計算する部署に迷惑がかかります。

単刀直入に「勤務報告書の提出が遅れています。至急提出をお願いします」というメールでも良かったのですが、ワンクッション置くことによる年上の部下への配慮。頭ごなしに注意されていたら自分が悪いことを棚に上げて、心の中で言い訳ばかり考えてやる気を失っていたかもしれません。

この上司は、日頃から、判断能力、指導力があって、気配りもできる仕事が速いリーダーです。こんな注意の仕方をされたら、ひとりでも多くの受講生が合格できるように気合を入れて講義を行う気になります。

私が勤めている会社に以前いた課長は、いつも部下たちの愚痴を陰で言っていました。陰で言った愚痴というものは必ず相手に伝わります。しかも尾ひれがついて伝わるので、言われた側にはかなりの悪影響を及ぼします。

愚痴を言われた部下たちはやる気をなくし、「言われたことだけをやればいい」と受け

身の仕事しかやらなくなりました。指示しないと動かなくなったのです。仕事のパフォーマンスは悪くなり、課長が尻拭いをしなくてはならなくなりました。

さらに部下たちは、何か失敗を報告すると陰でけなされるのが分かっているので、悪い報告はあげません。ミスを隠ぺいし、もう修復不可能になってから判明するようになったのです。

結局、課長の仕事は急激に増えてしまいました。しかも、前向きな業務ではなく、後ろ向きな業務ばかりです。工事部は立ち行かなくなり、プレイヤーとしては飛び抜けて優秀だった課長は退職。新課長にバトンタッチしたのです。

部下の欠点は本人がいないところではなく、本人がいるところで指摘します。

ここで注意するのは、部下のプライドを傷つけないこと。仕事内容に対して叱られると改める気になります。しかし、人格まで否定してしまうと、やる気をなくし、会社の業務全体に支障をきたしてしまうのです。

退職した課長は、「何も考えていないから太っているんだ」、「鳥レベルの脳だな」、「誰のお陰で飯が喰えていると思っているんだ」など、人格まで否定するリーダーでした。

20 仕事が速いリーダーは、年上の部下を味方につける！

仕事が遅いリーダーは、年上の部下のみならず、年下の部下まで敵に回します。

年上の部下ができたときは、プライドを傷つけず、必要な人材だという意思を示し意見やアドバイスを求めてみてください。

年下の部下に対しても、人格を否定せずに叱るように心がけてください。

そもそも、あなたは部下より優秀だからリーダーなのです。あなたほどの実力があれば、その部下もリーダーになっているはずです。自分と同じレベルで部下を考えず、何度も根気よく教えるべきです。部下の能力、才能、得意分野を伸ばしつつ、チームとして仕事を進めていくのが一番です。

部下の協力がないと会社も機能しなくなり、会社全体の仕事も遅くなってしまいます。

21 速いリーダーは小出しに指示し、遅いリーダーはまとめて指示する。

以前、私は『24（TWENTY FOUR）』というアメリカのテレビドラマが大好きでした。CIAの下部組織であるテロ対策組織が、大統領暗殺の計画を阻止したり、ショッピングモールに仕掛けられた爆発物を除去したりを分刻み、秒刻みで遂行していく人気ドラマです。組織のリーダーが次々と部下に指示を出し、部下も期待に応えて任務をやり遂げる姿に影響され、私もゲーム感覚で部下に指示を出していました。

以下の「 」内を早口で読んでみてください。

「C君、20日締めの請求書の発行処理を頼む、30件ぐらいあったな。それから来週の会議資料を明日までに送って。会議のあとの親睦会の店、8名で予約しておいて。飲み放題で料理はセット。税込で5000円以下。時間は19時ぐらいからかな。あっ！　部長から頼まれた新製品のアンケートをまとめた報告書作った？　あれ今日中に頼む」

こんな指示をされたら、部下はたまったもんじゃないですよね。

部下は、上司から一気に頼まれると優先順位をつけられなくなります。明確に締切や優先順位を示さないと、部下は間違えてしまうのです。なぜなら、部下にとって上司からの指示は全て優先順位が高いものだと思ってしまうからです。

部下の仕事を見て、「そんなのあとでいいよ。それより昨日指示した業務を先にしろよ」などと、イライラした経験はありませんか？ しかし、あなたが思っている以上に部下は優先順位がつけられません。

部下はリーダーの出した順番に仕事をしようとするか、あるいは勝手な判断をします。一度にたくさん伝えてしまうと、部下は混乱します。

ですから、**一度に伝える指示は1つ。多くても3つまでにして、優先順位も伝えるべきです。**そうしないと、時間を節約したつもりが、伝達不明瞭でかえって仕事が遅くなるのです。

仕事が速いリーダーは、仕事をひとつひとつ指示します。思いつくままに指示を出すのではなく、毎朝どの仕事から頼もうか、頼んだ仕事はどうなっているだろうかなどを、事前に考えてから指示を出すのです。

さらに、部下が理解できていない、仕事が多くて大変だから困る、といった表情を見せているときは、話を止めて質問や疑問点はないかの確認をしなくてはなりません。「今どのくらい仕事を抱えているの？　余裕はある？」といった聞き方も必要です。

また、全体的な仕事を把握するためには業務進行表を使い、部下が今どの仕事をしていて、どれだけの仕事を抱えているかを社員で共有しましょう。

ただし、進行表があれば、それだけを頼りに指示すればいいと考えるのは間違えです。進行表を見ながら指示し、さらに進捗の確認を部下に質問する2段階方式がいいのです。

進行表を見ることで部下の携わっている仕事を把握しながら話せるし、さらには進捗を確認することで、部下も落ちついて進められるようになります。

そして何より「リーダーが配慮してくれている」と、部下に感じてもらえて信頼も得られます。

さらに、**人は一度に長時間のコミュニケーションをとるより、短時間でも数回に分けてコミュニケーションをとるほうが、信頼関係が構築されやすくなります。**心理学で言う「単純接触効果」です。

そういった意味も兼ね合わせると、一度にたくさんのことを伝えるより、数回に分けて指示するほうが正確に伝わるし、コミュニケーション的にもいいでしょう。

リーダーは一度に伝えず、部下が理解しやすいように数回に分けて伝えていくようにしましょう。

21 仕事が速いリーダーは、部下を混乱させないように指示を出す順番を考える！

第4章

上司との
コミュニケーション 編

22
速いリーダーは上司の読む本を「即買い」し、遅いリーダーは「立ち読み」する。

大学時代には縁のなかったビジネス書ですが、就職してすぐに読みはじめました。最初に就職した会社の広報室長から借りた本に「1年で100冊本を読み、実践すれば、10年後には経営者になれる」と書いてあったからです。

民間企業で勤めるなら「経営者になりたい！」と思っていた私は、就職してから毎年100冊以上のビジネス書を読みあさりました。いいものは取り入れ、実践し、検証し、改良していったのです。

しかし、資格取得を目指すようになってからは、ビジネス書を読む機会は減っていきました。

そして現在の建設会社に転職し、私は入社して11カ月目で課長になりました。当時、係長以上の管理職になるためには、少なくとも1年以上就業していることが慣例でしたが、創立以来最短で、しかも係長を一段飛び越えて就任したのです。

営業でダントツ1番の成績だったとか、優秀賞をとったワケではありません。縁の下の力持ちと言えば聞こえはいいですが、地味な存在である総務です。総務という立場で目立った業績を上げることは、1年以内ではできません。

では、何をしたから1年以内に課長になれたのか？

思い起こすと一点しかありません。

それは、**管理職の読んでいる本を片っ端から即購入し、読みあさった**ことです。

まず手に取ったのが部長の書棚にあった17冊のビジネス書です。タイトルと著者名を控えて、アマゾンから即購入しました。

購入する本の内容、読者ターゲット、企画趣旨、イデオロギー、もちろん値段などは、購入理由に一切関係ありません。

購入理由は「転職先の管理職が読んでいる」この一点だけでした。届いた書籍は何度も読み、付箋を貼り、マークを引き、実践しながら自分の血肉にしていきました。

ここからは批判を覚悟でお話しします。

私が1年以内に出世できた理由。それは部長と打ち合わせや飲み会の席で話すときに、本の内容を散りばめたからです。まさか同じ本を読んでいるとは知らない部長は、心の底から驚きます。

「そ、その考え方は本で読んだぞ！」、「自分が尊敬する稲盛さんと同じ考えだ！」、「石川君の考え方は凄いな！」

自分が感銘を受け、気に入って購入した本と同じ考え方、もしくはそれを上回る考えのヤツがいると思ったら驚きますよね。

部長の本のみならず管理職が持っている本は、全て即購入して読みあさりました。私と話す管理職も先ほどの部長と同じように驚いていました。

書籍の中には、書店に行ったらまず選ばないという本や、分厚くて読みづらい本、読むと10秒で眠くなる本などもありました。さすがに管理職の読む本です。非常に勉強になりましたが、専門書や古典を読むのには苦労しました。**吟味したら買わない本もあるので、わざと吟味しないで即買いするのです。**

仕事が遅いリーダーは、上席の管理職が読んでいる本が分かったとしても、自分に合うか合わないかを書店で立ち読みして確認します。値段で躊躇し買わずに終わる場合もあります。しかし、本は次に買いに行ったときには並んでいない場合も多いのです。

仕事が速いリーダーは、何も考えずに即買いします。バンジージャンプで飛び降りるとき、歯医者の予約を入れるときのように、余計なことは考えずに行動した方がいいのです。

また出世以前に、**上司の好むビジネス書を読んでおくと、企画書ひとつ提出するにしても、決裁権のある上司の意向、主義、どんなデータが好きかなどのクセをつかめ、企画も通しやすくなり仕事が速く片づくのです。**

仕事を速く片づけたい、上司の考え方を知りたい、速く出世したいと思ったら、ぜひ上司の読んでいる本を即買いしてみてください。

22 仕事が速いリーダーは、上司の気持ちを事前に把握する！

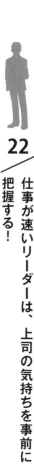

23

速いリーダーは上司のスケジュールを確認し、遅いリーダーは部下のスケジュールも確認しない。

上司が出張へ行ってしまった、声をかけようとするといつも外出している……。
その結果、仕事が思うようにはかどらない、スピードが求められる受注競争の仕事なのに決済が下りず入札できなかった、自分の仕事は順調なのに上司とのスケジュールが合わないで遅れてしまった。こんな経験はありませんか?

仕事が遅いリーダーは、上司のスケジュールを把握していないために、決済の許可ひとつ取りにいくにしても、外出中だったり会議だったりでタイミングが合いません。さらには会議前で忙しい上司に話しかけてしまい、機嫌を損ねてしまいます。

私も過去にヒヤリとしたことがありました。
決算時に改正版の会計ソフトが必要になったのですが、20万円以上するので購入には上司の決裁が必要です。とは言っても、簡単な稟議書を作成して提出すればすぐにでも購入できます。それなのに、使用するのにまだ3週間ほど時間もあるしと、稟議書を作るのを後回しにしていました。１週間が経ち、そろそろ決済をもらおうとした矢先、上司が海外出張に出ることを知ったのです。

出張間際になんとか稟議書を作成してことなきを得ましたが、もし決済をもらえずソフトが使えなかったら、決算業務が大幅に遅れるところでした。

仕事が速いリーダーは、上司のスケジュールはもちろん行動まで把握しています。

3月は決算業務で上司の打ち合わせが多くなるので早めに相談しよう、年末年始は飲み会の席が続くから3時までには稟議書を提出しよう、金曜日の午後は休み前で機嫌もいいから話を聞いてもらいやすく許可も下りやすい、逆に月曜日の朝は機嫌が悪く通りづらいのでなんとか金曜日までに仕上げて提出しよう。

このように、上司の行動を先読みした上で仕事の段取りをします。

そのためには、**月単位で上司のスケジュールを把握し、さらに毎週月曜日の朝に、上司の今週1週間のスケジュールを確認するのです。**

また、**上司からどのタイミングで、どんな指示が来るかを把握することで、自分の仕事とのバランスもとっています。**

取締役会がある日は、急ぎの資料作りを頼まれるかもしれない、会議中に突然呼び出されて補足説明を頼まれるかもしれない。このように予測しておくのです。

急に資料作りの依頼をされると、抱えている仕事を後回しにしなくてはいけません。会議のときに不在だと「使えない部下」の烙印が押されてしまうかもしれません。

さらに仕事が速いリーダーは、部下のスケジュールも把握しています。

この部下は今週の前半は請求書の入力があるから忙しい、中旬なら手が空くな、システム課との共同開発プロジェクトの仕事があるから資料を頼むのにはこのくらいのスパンを見ておいたほうがいいな。

このように、スケジュールに沿って仕事の段取りを考えていくのです。

配慮をして指示を出すので、部下もパフォーマンスの高い仕事をしてくれます。資料も精度の高いものに仕上げてくれます。

23 仕事が速いリーダーは、上司の行動を先読みする！

一方、仕事が遅いリーダーは、上司のスケジュールどころか、部下のスケジュールも把握していません。重要な仕事をしている部下に対して、「ちょっといいか」といきなり呼び出すのも日常茶飯事。

部下は上司から仕事を頼まれると、そちらを優先しなくてはいけないと思い込んでしまいます。お客様の仕事や早く取りかからなければならない業務を後回しにしてしまうのです。

スパンが短ければ仕事の精度は低くなります。その結果、お客様からのクレームの対応をする、再度やり直しを部下に命じる、あるいは自分でその仕事を行わなければならなくなる。結果的に仕事が遅くなってしまうのです。

スケジュールをきちんと把握しておきましょう。

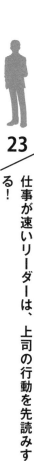

24 速いリーダーは期待通りの仕事をし、遅いリーダーはなんでも期待以上しようとする。

あなたは東京ディズニーリゾートの、リピート率をご存じですか？

なんと、95％以上。つまり100人のうち95人は、もう一度遊びに行くのです。これは驚異的な数字です。では、なぜ再び足を運ぼうと思うのか？

「ミッキーが好き」、「キャスト（従業員）が優しい」、「アトラクションが充実している」さまざまな理由があると思いますが、一言で言うといい意味で期待を裏切る。つまり何度行っても期待以上の満足感を得られるからです。


仕事が速い人も期待以上の仕事をします。そもそも上司が仕事を依頼するとき、何かを解決したり達成したりすることを期待して依頼します。上司は期待通りの仕事をしても、あまり評価をしません。期待以上の仕事をして、はじめて評価に値するのです。

私が部下の時代、上司から手書きの連絡事項をワープロで作成するように指示を受けました。紙１枚の簡単なものだったので、字の大きさ、用紙のサイズ、余白の使い方など３種類の違った連絡事項を作成し、一番読みやすいものを選んでもらいました。その上司は大変喜び、飲み会のたびにその話を他の上司に伝えてくれていました。

その仕事に全精力を賭けて集中する、依頼者が満足するものを作る、依頼者が期待する以上の仕事をする、その仕事に「こだわり」を持つ。そんな思いで仕事をしてきました。

しかし**私がリーダーになりたての頃、この「こだわり」で失敗したこともあります。**

役員会議で報告するために、現時点での売上高の金額を出すように部下へ依頼しました。会議は明日です。決算も近いので売上高の概算を把握しておきたかったのです。

午前中に依頼したのですが、お昼を過ぎ、夕方近くになっても、報告は上がってきません。他の仕事を優先しているのかと、部下のデスクに行き「売上高はまだ分からないの？」と聞くと「今、調査中です」と答えるのです。

「えっ！　１時間もかからない仕事なのに？」と思い部下の仕事内容を確認すると、彼は正確な数値にこだわり、会計ソフトから月次決算を出力していました。さらに今月中の出来高を各現場に問い合わせ、エクセルで新たな表を作成していたのです。

これは私の依頼の仕方に問題がありました。上司の期待を上回るように仕事をすることは大切です。ただしこの場合の期待は、明日の会議に必要な情報なので、スピードにあったのです。私の気持ちの中では、百万円単位でいいから1時間で報告。彼の気持ちの中では、1円単位で明日の朝までに報告。

では、仕事が速いリーダーはどうしているのでしょうか？

次の3つの視点の「QCD」で確認をしています。

1．Q（クオリティ）

「成果物の質」について伝えます。正確性を求めているのか？　概況をつかめればいいのか？　どうしても加えておきたい事項などを確認しておきます。何に使うのかも伝えます。この部分は非常に大事です。

2．C（コスト）

求める成果物を作るのにどのくらいの投入量をかけるのか？　具体的には時間をどれだけかけるのか？　資金をどれだけかけていいのか？　といったことです。

３．Ｄ（デリバリー）

成果物を届ける方法です。納期はいつまでなのか？　何日の何時までに届けるのか？
といったことです。

「こだわり」のさじ加減をするのが、仕事が速いリーダーです。スピードが求められているなら、納期まで「２時間」のところを「１時間」と指示します。

さきほど「３種類の違った連絡事項を作成し、一番読みやすいものを選んでもらったところ上司は大変喜んでくれました」と述べましたが、これは偶然うまくいっただけです。

もし、**上司から仕事を受けたときに明確な指示がなければ、こちらから３つの視点の「ＱＣＤ」で確認をしなければなりません。**

仕事が遅いリーダーは、どのような性質の仕事か理解しないまま取りかかります。そのため、質、時間、期限などについて、上司の思いと合致せず、やり直しなどが発生するのです。

24 仕事が速いリーダーは、上司が何を求めているかを的確に捉える！

25 速いリーダーは数字で表し、遅いリーダーは抽象的に表す。

あなたは、どちらにストレスを感じますか？

①真っ暗なトンネルで先がまったく見えない（実は10メートル先に出口がある）。
②トンネルの先に光が射しこんでいる。残り100メートル。

①雪山を登っていて視界が悪く先がまったく見えない（実はあと10メートルで登頂）。
②100メートル登れば、登頂だということが分かっている。

どちらも②は①の10倍の距離。①はたった10メートルで目的地に着きます。でも、②の状態の方がストレスなく過ごせますよね？　それは、①は予測不可能で不安な状態であるのに対し、②は数字で表すことによって具体的なイメージが頭に描けるからです。

もっと身近な例で言うと、電車が遅れる場合のアナウンス。

「もうしばらくお待ちください」という車掌の一言。イライラしますね。なぜイライラするのかというと、それは予定が分からないためです。

このアナウンスを「10分ほど遅れる予定です」と言い換えたらどうでしょう。状況も把握でき、そのあとの対策も考えられるので、イライラは軽減されます。

このように、**数字は的確な判断材料になるのです。**


仕事の面でも、抽象的な報告をしてしまうリーダーと、数字を使って具体的な報告をするリーダーに分かれます。

仕事が遅いリーダーは、上司に次のような報告をします。

リーダー：「何週間か調査して、いろいろ聞いてみました。価格が高くて抵抗があるというお客様が多かったですね～」
上司：「何週間調査して、何件のお客様？」
リーダー：「あっ！ 2週間です。3社ぐらいです」

上司：「何件回って、3件なんだ」
リーダー：「150社ほどです」
上司：「たった2%じゃないか！　分母と分子を両方言わないと分からないだろ。君の報告は、いつも分かりづらいな！」

このように**抽象的な報告をすると伝わりづらく、上司も疑問点を繰り返し質問する必要が出てきてしまいます。**しかも最初の報告では、不満を抱えるお客様が多いような印象を与えています。

仕事が速いリーダーなら「2週間の調査で150社からアンケートを取りました。アンケート結果はこの表をご覧ください。抵抗を感じると回答した会社は3社でした。全体の98%は値上げに抵抗がありません」と報告し、あとは上司に判断を仰ぐことになります。こうすれば、決済も速く下りて、仕事も速く片づきます。

報告するときは、数字を使いましょう。

上司は現場の様子が分かっているわけではないので、抽象的な報告では判断ができません。とてもいい案だったとしても、承認しづらくなってしまいます。さらには先ほどの例のように、何度も質問したり、申請する側がもう一度根拠をしっかり組み立て直したりしなければならず、ムダな時間が発生します。

上司に報告するだけでなく、部下に指示するときも数字を使いましょう。

報告・連絡・相談するときに、抽象的な内容を数字に置き換えられないか絶えず意識するのです。

あなたが、あと、どれくらいで終わるんだと聞いたとき、「もうすぐです」と言う部下と、「あと10分で終わります」と言う部下。どちらがいいでしょうか？

後者のほうがいいに決まっていますよね。数字は安心感を生み出すのです。

25 仕事が速いリーダーは、誰もが共通認識できるような言い方をする！

26

速いリーダーは細かく、遅いリーダーは粗い。

上司に指示された仕事には、その場ですぐに終わるものもあれば、数時間あるいは数日かかるものもあります。

会計事務所に勤めていたときの顧問先での話です。

B課長は、部長から大口顧客の広告のコンペの企画書を頼まれました。提出は2カ月後だったのですが、余裕を持って3週間前までに作成するように言われていました。

B課長は他社のコンペで忙しく、何も取り組まない状態で2週間が経過。そんなときに部長から「進んでいるか」と問われ、「はい。いろいろ進めているので大丈夫です」と生返事をしてしまったのです。

そのあとも「見せてみろ」と言われたのに、「今、他の仕事があって忙しいので」、「支店長に呼ばれていて」などはぐらかし、提出したのは期限日ぎりぎり。

そのときの企画書を見て部長は驚きました。まったくもって先方が必要としている書類ではなかったからです。

重要な取引先のコンペなので、これ以上B課長には任せられないと判断し、A課長にバトンタッチしました。

A課長は、普段から積極性があり自信家のように振舞っていましたが、この案件については、経験がなかったので、内心不安に思っていたそうです。そこで、こまめに部長へ報告をするように心がけていました。

１週間後ある程度進んだ時点で相談し、２週間後にもう一度報告しに行きました。もちろん部長からの指摘を受け、かなりやり直しもありました。しかし、定期的に報告をしていたので、３週間でキッチリ仕上げたのです。

おかげで、コンペにも勝つことができました。

A課長は上司を巻き込み定期的に報告しに行き、B課長は取り返しがつかなくなった頃に報告しに行く。仕事が速い・遅いは、こういうところに出てきます。

仕事が速いリーダーは、仕事を頼まれたら、まず**所要時間の見積もりを作ります。**

作業①には20時間かかるな、作業②には10時間かかるな、作業③は20時間かかるな。全てうまく進むとは限らないから、作業見積もり合計50時間の0・2倍である10時間を余計に見ておこう。期限は2カ月後だから、1日2時間はこの仕事に取り組む必要があるなと時間を確保するのです。

無計画だと、重要な仕事ではなくて、緊急な仕事から行ってしまいます。それでは長期的で重要な仕事に取り組めなくなってしまいます。まずは、時間を天引きすることが大切です。

給料を全て使っていたら、お金はまったく貯まりません。

1年間で60万円の貯金をしたいなら、毎月5万円を定期預金の口座に移し替える必要があります。最初からその5万円はないものと思って生活すればいいのです。

時間に関しても同じです。先に確保しておくのです。

そして、**上司への中間報告タイムも定めます。**すると方向性がブレなくて済みますし、後回しにしないようになります。定期的に報告しているため判断を間違えたときにも迅速に軌道修正ができ、また上司から信頼も得ることができるのです。

仕事が遅いリーダーは、無計画で、しかも結果しか報告しません。報告が早ければ手立てや修正ができたのに、報告が遅れたばかりに取り返しのつかない損失が発生する場合もあるのです。

長期間を要する大きな仕事は、リーダーとしての力を上司に見せるチャンスでもあります。「時間の見積もり」、「定期的な報告をする段階の決定」をこころがけましょう。

26 仕事が速いリーダーは、報告する時機も含めた作業計画を立てる！

27 速いリーダーは革新的、遅いリーダーは保守的。

電話を受けたときに、取次ぐ相手が外出中だったり、他の電話に出ている最中なら、あとで連絡をとりやすいように伝言をメモにして残します。そのときにメモ紙に書くだけだと会社名を聞いたのに担当者名を聞き忘れたり、連絡先を聞かなかったりと思わぬミスを起こすことがあります。

私も新入社員への教育が行き届かなかったばかりに「佐藤さんから電話がありました」というメモだけが、机の上に置いてあったことがあります。後日、改めて聞いても新情報は「男性の声だった」ということだけ。「よりによって佐藤。かなり広範囲に佐藤という取引先があるんだけど」と思いつつ、この事件は迷宮入りになりました。

このようなミスがないように、多くの会社では電話メモのテンプレートを採用しています。

現在は、私の勤めている建設会社でも、①日時、②誰から、③用件、④先方の電話番号、⑤先方の電話番号を登録していたら短縮番号、⑥誰が受けたか、という6項目の欄があるテンプレートを使っています。以前はA6のメモ用紙で作っていましたが、紛失する恐れがあったので、クリアファイルに入れて書類箱に保管しやすいようにA4サイズにしています。また短縮番号を書いておくことで、1秒でも速く先方に連絡をすることができます。

何ごとも最初は大変です。私も電話メモのテンプレートの必要性を感じながらも、面倒なので後回しにしていました。しかし**一度作成してしまえば、次からは楽になります。**

またメモ紙に記入するだけだと、先方の連絡先を聞き忘れて過去にもらった名刺を探したり、担当者の名前を聞き忘れて先方に問い合わせたりと、結果的に仕事が遅くなる場合がありましたが、改善されました。

そして、この電話メモのテンプレート。会議で使う報告書類にも応用がきくのです。

私が会社に中途入社した当時は、報告書類の用紙サイズ自体がA4、B5と統一感がなく見づらいものでした。

課長に昇進したときにはＡ４サイズに統一されていましたが、報告書の書き方がポイントを絞っている簡潔なものから、何十枚にも及ぶ論文形式のものまで、発表者によって多種多様でした。これでは参加者が、報告書類ごとに、どこに何が書いてあるのかを探すことからはじめなければなりません。探すたびに時間がかかり、会議の時間も長くなります。

そこで提案したのが**「報告書はＡ４用紙１枚にまとめる」**こと。そして**用紙に書く内容、書く順番も「６Ｗ４Ｈ」に統一する**ことです。

①When …… いつ、いつから
②Where …… どこで
③Who …… 誰が
④Whom …… 誰に
⑤What …… 何を
⑥Why …… なぜ
⑦How …… どのように（手段）
⑧How much …… いくらで（金額）

⑨ How long …… どのくらいの期間で

⑩ Hoka …… 他（その他、上記以外伝えることがあれば）

報告書を統一することで、どこに何が書いてあるか、参加者が一目で分かるようになりました。お陰で格段に会議のスピードが速くなったのです。

リーダーの重要な仕事のひとつは、新たな提案を恐れず上司に行うこと。仮にその提案が、現実味がなくても、予算がかかっても、書類が多くなることでも構いません。改善し、磨きをかけ、現実的なものに変えていけばいいのです。何もないところからは何も生まれません。保守的思考になると、社会が変化しているにもかかわらず現状維持を好んでしまいます。

今までより仕事が速くなる改善も、提案から生まれてくるのです。

27 仕事が速いリーダーは、新たな提案を行い現状を打破しようと試みる！

第5章

報連相・ミーティング 編

28

速いリーダーは悪い報告を歓迎し、遅いリーダーはいい報告を歓迎する。

「利益が出ました」、「工期内に工事が完成しました」、「原価圧縮に努めました」。結果を出せば評価されるのは当たり前です。しかし、結果も重要ですが、結果だけで評価していいものでしょうか？

「勝ちに不思議な勝ちあり　負けに不思議な負けなし」という江戸時代後期の平戸藩主、松浦静山の言葉があります。これはプロ野球解説者で、東北楽天イーグルスをはじめ、多くのチームで監督を務めた野村克也氏の言葉だと思っている人も多いようです。

「勝ちに不思議な勝ちあり」というように結果オーライは、次につながるとは限りません。結果だけで評価するのは危険です。たまたまうまくいったことに気づかず評価してしまう場合があります。

結果が出た仕事でも、他のやり方のほうが良かった、あるいは速かったというケースも少なくありません。仕事を結果だけでしか評価しないと、工夫が見られなくなります。

さらに、**結果至上主義だと、結果が出なさそうな仕事はしないという、消極的な状態になってしまう可能性があります。**言い換えると、成功の見込みが高い仕事しかしなくなってしまうのです。新しい仕事への挑戦をしなくなると、部下の成長が止まってしまうばかりでなく、激動の時代、会社も衰退していきます。

また、上司が結果重視でいい報告だけを歓迎すると、部下は「いい報告はすぐに、悪い報告は後回しに」という気持ちになります。

そもそも部下が上司に報告する内容は、８：２で悪い報告の方が多いのが実情です。そして、その悪い報告こそ１秒でも早く報告を受け、対処しなければなりません。

仕事が遅いリーダーは、悪い報告を受けると不快な顔で対応します。目くじらを立て、イライラした顔で部下を叱り、報告を受けたあと、最後にもう一度叱って話を締めくくります。これでは次回から、ますます悪い報告ができなくなります。

一方、仕事が速いリーダーは、部下が悪い報告をしやすい雰囲気を作ります。悪い報告を受け入れる体制を取り、日頃から仕事の状況を気にかけます。**悪い報告を受けたときこそ、穏やかに対応します。叱るとしたら一点だけ。「なぜもっと速く報告しなかったんだ」ということ。**次回から悪い報告をもっと速くするように促すのです。

悪い報告をするから評価が下がるのではなく、悪い報告が遅れるから評価が下がる仕組みにすればいいのです。報告が早く入れば、対応も早くでき、仕事も速くなります。

仕事が速いリーダーも遅いリーダーも、悪い報告はイヤなものです。それを態度に出すか出さないかの違いです。

また仕事が速いリーダーは、結果はもちろん、プロセスも評価します。「たまたまうまくいった結果」については、プロセスのチェックを怠りません。

その一方で、**結果が出なかった仕事でも、努力したプロセスをしっかり見て評価します。**

あなたが、もし部下の褒め所を見つけるのが苦手なら、プロセスを細かく分けて分析してみてください。部下を認められる部分が増えます。そして、やったことだけでも認めるようにしましょう。失敗しても、しっかりしたプロセスを踏んで挑戦したことは、むしろ評価の対象です。

例えば、新しい見込み客にプレゼンしたが、残念ながら契約成立はしなかったという場合。新規お客様の開拓ができた、新しい資料を作成した、資料のグラフが見やすかった、そのグラフは次回のプレゼンで役に立つ……このようにプロセスを細かく分けると、評価ポイントも見つかります。そして部下は、認めてもらえることでモチベーションが上がります。

たとえ結果が出たとしても、工夫するプロセスは永遠に必要です。変化の激しい時代に現状維持では衰退していきます。**工夫した経験、挑戦した経験は当然、仕事のスピードを速めます。**

一方、プロセスを評価せず、結果しか評価しないリーダーのもとでは、工夫や変化が見られません。たまたま結果が出たときだけ歓迎するリーダーばかりの会社は、最終的に衰退してしまう危険性が高いのです。

28 ／ 仕事が速いリーダーは、部下が悪い報告をしやすい環境を作っておく！

29 速いリーダーは「どうしたら?」と聞き、遅いリーダーは「なんで?」と聞く。

以前の職場での話です。Bさんは、部下の起こした小さなミスまで徹底的に指摘するリーダーでした。

細かい点まで指摘すること自体は悪いことではありません。経営の神様と言われた松下幸之助氏も「大きな失敗は本人も反省しているし一生懸命やった上でするもの。小さな失敗は、おおむね本人の不注意、気のゆるみから起こってくるし、本人もそれに気づかない場合が多い。だから、小さな失敗は厳しく叱る必要がある」と言っています。

このように細かいところまで指摘することで本人が気づき、成長し一人前になっていくなら問題はありません。しかし**ミスを指摘することにフォーカスしすぎると、部下を委縮させ、成長するどころか最悪退職にまで追い込んでしまいます。**

つまり「叱ること」に問題があるのではなく、「叱り方」に問題があるのです。

リーダーBさんは、部下のCさんを呼びつけ細かなミスを指摘していました。Bさんは、いつも自分のデスクに部下を呼びつけ、部下を立たせたまま叱りつけるのです。

B：「最近ミスが多くなってきているな。なぜだ？」
C：「先月から新しく担当になったDさんが、慣れていないみたいなので」
B：「慣れていないって。どうしてDに全てを任せているんだ？」
C：「チェックはしていますが、私も忙しくて手が回らない状況なんです」
B：「なんで、全てを細かくチェックしていないんだよ！」
C：「他にも仕事を抱えていて、この時期は手が回らないからです」
B：「それは言い訳だろ！」

「なんで」と聞いておいて、理由を答えると「言い訳するな」と言うリーダー（笑）。あなたの周りにもいませんか？

このような叱り方。つまり「なぜ？」、「どうして？」、「なんで？」と質問攻めで叱るのは、逆効果になりかねません。この聞き方は、ミスや失敗にではなく、部下本人を対象にしているからです。部下も、自分が責められているとしか感じません。

何よりも**「ＷＨＹ」は、過去に目を向けているだけなので、解決策にならないのです。**

では、どうしたらいいのでしょうか？

部下に指導するときは「なんで？」ではなく、「どうしたら？」と提案するのです。「ＷＨＹ」ではなく、「ＨＯＷ」で考えるのです。今、あなたに投げかけた「では、どうしたらいいのでしょうか？」も「ＨＯＷ」ですよね。

次の２つを比べてみてください。

①「頼んでいた企画書。期日までにできなかったんだって？　なんで、完成できなかったんだ？」

②「頼んでいた企画書。期日までにできなかったんだって？　どうしたら、期日通りに完成できたと思う？」

①は先ほどの「ＷＨＹ」で、②は「ＨＯＷ」で聞いています。

①の聞き方だと「時間がなくて」、「部下のミスで」、「他の仕事が忙しくて」、「作ったことがなくて」、「体調が悪くて」、「朝イチバンでやろうと思ったら電車が遅れていて……」と、いくつでも言い訳は見つけられますが、何の解決にもなりません。何度も同じミスを繰り返し、仕事が遅くなるのです。

②の聞き方だと、聞かれた側も答えやすく、部下は責められているとは感じずに、素直に「何が課題だったのかな」と考えることができます。

「ＨＯＷ」は視点が未来へ向いています。

「ＨＯＷ」で考えると、「どうしたらできるようになるだろう」、「どの方法がいいのだろうか」と自分で考える癖がつくので、現状に対して改善していこうという前向きな気持ちが生まれます。

どんどん解決策を考え、新たな方法を見つけ出すことで、ミスも減り、仕事が速くなるのです。

29 仕事が速いリーダーは、改善方法を考える指導を行う！

30 速いリーダーは簡単に説明し、遅いリーダーは詳しく説明する。

仕事が遅いリーダーの中には、部下の行動を全て把握していないと気が済まないタイプの人がいます。部下だけではなくお客様の状況も知りたいので、なるべく情報を書類に残すように指示します。

営業日報に記入する項目は30項目以上。お客様の会社の資本金、社長の名前など、ホームページなどで調べなくてはならないことまで記入項目にします。

確かにこれらは、取引するときに必要になるものもあるかもしれません。しかし訪問しただけで、取引先にもなっていない段階では必要ありません。**何より調べれば分かるものは、わざわざ時間をかけて書いておく必要はないのです。**

こういうリーダーのもとには、日報を書くのに1日2時間近くかける部下がいます。日報を書くのに残業するのは当たり前。見込み客を開拓すればするほど残業が増えていくのです。

また会議資料も非常に細かく、その上大量に作成するリーダーもいます。部下にもそれを求めるので、会議の前日になるとほとんどつきっきりで会議資料に取り組みます。その期間は営業先にも行けなくなるほどです。

仕事が速いリーダーは、ムダな書類を嫌がります。

日報に時間を費やすことを嫌い、記入項目を減らします。利用していない項目、参考にしていない項目を記入するのは時間のムダだと感じるからです。

もし記入する必要がある項目が出てきたら、部下にヒアリングをして本当に必要かどうかを検討します。そして追加した場合は、他の項目をひとつ減らします。「一増一減主義」をとるのです。

稟議書を提出する場合でも、何枚もの添付資料をつけたりしません。Ａ４の用紙１枚という簡潔なものにする方もいます。提案書も会議資料も同じです。何十枚もの分厚い提案資料を作っても、相手は見ません。シンプルで枚数は少なくすべきです。

仕事はなんでも、ゴール（目的）から考えるようにしましょう。ゴールから見て最短距離をとるのです。

ここで誤解しないでいただきたいのは、結果だけを見るわけではない、ということです。プロセスも重視しつつゴールを見据えます。意味のあるプロセスだけに集中し、ムダは極力削減するのです。

書類についても「作成する意味」を考え、意味がない、もしくは以前から作成していたのでなんとなく作っていたものなどは、全てやめましょう。

削減を重ねることで、書類は7割くらい減らすことができるはずです。

書類作成に時間を費やすなら、もっと結果に結びつく有益な仕事に時間を使うべきです。

営業なら、お客様を訪問する。マーケティングなら、市場調査を兼ねて現場の売り場に足を運んでみる。人事部なら、社員のモチベーションアップにつながる研修を探しに研修会社のオープンセミナーに足を運んでみる。

もちろん定時に帰り、仕事以外にも時間を使いましょう。

スポーツジムに行ったり、英会話を習ったり、ビジネスセミナーに行ってみる。もっと家族との団らんに時間を費やす必要もあります。

仕事のアイデアは意外なところで浮かんできます。疲れた身体で残業しても浮かびません。リフレッシュしているときに、いい案は生まれるのです。

あなたも、もし職場の書類が多いと感じたら、この機会に見直してみましょう。既存の書類の意味合いを考え、1年以内に利用しなかった書類を捨て、ムダな書類の作成をやめれば、新たな時間を生み出すことになり、有益な仕事の時間へと結びつきます。

ムダな書類作りは、ムダな仕事です。ムダな仕事を行う時間が、本来しなければならない有益な仕事の時間を圧迫して仕事が遅くなるのです。

30 仕事が速いリーダーは、書類をできるだけ簡潔にまとめる！

31 速いリーダーはゆっくり集合させ、遅いリーダーはすぐに集合させる。

あなたは5分という時間の単位は「短い」と感じますか？　それとも「長い」と感じますか？

例えば、大事な商談に遅刻しそうになった場面を想像してみてください。

社運を賭けた商談にまさかの寝坊。待ち合わせ場所は先方の会社。上司はすでに到着してあなたが来るのを待っている。携帯電話の着信音をサイレントにしていたので、何度もかかってきた上司からの電話も軽く無視。分刻みというより秒刻みでの時間との戦い。待ち合わせの3階にある会議室に着いたときには5分の遅刻。

こんなときの5分は「あっと言う間」に過ぎていきます。

一方、次のケースではどうでしょうか？

上司に怒鳴られ叱られたあと、5分遅れた罰として「では、5分間息を止めてなさい」

と言われたら。ただでさえ息も絶え絶えに到着しているのに「息を止めてろ」という非情命令。さっきまでは「時間よ止まれ」と願っていたのに、今度は鼻を親指と人差し指で摘まみながら、口を固く閉じ、目が飛び出るほど悶絶した表情でときが経つのを待っている。
この状態なら5分が異常に長く感じたはずです。

つまり5分という時間も、その状況によっては長くも短くもなるのです。

リーダーの一言にも、この5分という時間を入れるか入れないかで、仕事が速くもなり遅くもなるのです。

私は、簿記の講師として専門学校で教鞭を執っています。科目は日商簿記３級。受講生が合格レベルに達するため、次の手順で教えています。
今日の範囲をテキストで解説 ↓ テキストの中で重要な箇所にはマークを引いてもらう
↓ 理解できたかの確認のために問題集の問題を解いてもらう ↓ 問題を解き終わったら、テキストに戻って新しい項目を解説
これを繰り返すのですが、限られた時間の中で決まった範囲まで進むためには、全員が問題集の問題を解き終わるのを待っているわけにはいきません。

講師になりたての頃、ひとりの受講生からクレームを受けました。問題を解いている途中で急に「はい！　やめてください」と言われるのは困る。頭の中は今解いている問題で一杯だし、中途半端な気持ちで新しい項目を教えられても頭に入ってこないというのです。

衝撃的でした。確かに受講生側からすれば、解いている問題にいきなりピリオドを打たれ次に進まれたら、頭の切り替えができません。だからといって全員が問題を解き終わるまで待っていたら、講義が予定通りに終わらず延長になってしまいます。

そこで考えたのは、問題を解く前に解く時間を伝えること。さらに「残り○分取りますので、キリのいいところでやめて解答解説で確認してください」と伝えることです。

いきなり問題を解くのを強制終了されるのではなく、残り何分と告知されることで、キリのいいところまで進むことができます。さらに解答を確認し、一呼吸おいてから次の講義に移ることができるのです。

会社でも同じです。リーダーが連絡事項を伝えるときに「はい！　みんな集まって！」とすぐに集合させられたら社員はどう思うでしょうか？

「よっ！　待ってましたリーダー！」とはなりません。

さまざまな業務を行っている全員の手をいきなりストップさせて集合させたら、途中までやっていたことが気になって話を聞く耳を持ってくれません。

リーダーの話が終わり、各デスクに戻ったときには、どこまで仕事をやったか分からなかったり、最悪もう一度最初からやり直したりして、仕事が遅くなる可能性があります。

では、どうするか？

「5分後に集合ね。話は○分ぐらいで終わるから」と事前に伝えるのです。

そうすることで、社員たちは集合前の5分を利用して、キリのいいところまで進み、確認作業を終え、コーヒーを一口飲むなど一呼吸おく時間が生まれます。

話が終わったあとも、やりかけだった仕事にすぐに取り組むことができます。

「急がば回れ！」

このたった5分の配慮が、回り回って仕事を速く終わらせることにつながるのです。

31

仕事が速いリーダーは、部下を無闇に焦らせない！

32 速いリーダーは会議を分類し、遅いリーダーは会議を一緒くたに考える。

会議は悪、会議はムダ、会議は不要。会議は、長時間労働の原因としてやり玉に挙げられ、多くのビジネス書によって、その削減案が書かれています。あるビジネス書では、「時間は仕事のために費やすべき。会議のために費やすべきものではない」という趣旨のことが書かれていました。

それも一理あります。しかし全ての会議がそうだと言えるでしょうか？　もし全ての会議が悪なら簡単です。今日から会議をなくせばいいのですから。しかし全国どの会社を見渡しても、会議を全廃したという話は聞きません。

なぜか？　それは不要な会議のみならず、必要な会議があるからです。

例えば3本発注されている工事のうち、当社はどの工事を取りにいくべきか？　いくらの金額で入札に参加するか？　など、重要な事項なら会議で決めなければいけません。

ただし、明日の朝までに入札金額を決めなければ間に合わないのに必要以上の時間を会議にかけてしまう。部長会議なのに、課長など関係のない者まで参加させる。このように、必要な会議でも、時間のかけ方や人選について間違えることもあります。

仕事が速いリーダーは、会議が必要かどうかを見極め、会議をするのであれば短い時間に最適な人員で行います。そうすることで部下は本業に集中でき、速く仕事を終わらせるようになるのです。

そのためには、どうすればいいか？

まず会議の種類を知り、どのような趣旨で行われるのかを整理する必要があります。

仕事が遅いリーダーは、この整理が頭でできていないため、必要か不要かの判断、時間配分、人選などを誤り、仕事が遅くなってしまうのです。

会議の種類は大きく分けて、①伝達する会議、②アイデアを繰り出す会議、③決定する会議、の３つがあります。

① 伝達する会議

文字通り業務内容や方針を「伝達する」つまり伝える会議です。仮に「社会保険料の料率変更について」、「年末年始の休暇のお知らせ」などを伝えるなら、会議で集合させなくてもメールによる一斉送信で済みます。しかし、「業務縮小による賃金カットについて」や「人員削減について」などの重要事項は、メールで済む問題ではありません。

伝達する会議を開く際には、**メールや口頭での連絡で済む案件か、会議を開くべき案件なのかを見極めることが必要です。**

② アイデアを繰り出す会議

集団でアイデアを出し合う会議、いわゆるブレインストーミングです。「否定しない」、「連鎖的に発想する」、「自由に発言する」などのルールがあります。

この会議を開く際には、**事前に議題を参加者に周知徹底させておくことが大切です。**会議でいきなりアイデアを出せと言われても沈黙が続いて時間をムダにしたり、会議が終わってからいいアイデアが浮かぶなどの可能性があるためです。

③ 決定する会議

ワンマンなリーダーでもない限り、重要な案件については何名かで判断して決めていきます。

重要なのは、参加者に事前に案件を伝えること。その場で判断を迫ると会議の時間が長くなります。**参加者が事前に内容を検討していれば、会議の時間も短くなります。**

また、その**決定事項について必要な人選を考えます。**簡単な決定事項なのに本社に各支店の一般社員まで集合させると、人件費と旅費、そして何より必要がないのに参加している社員の時間がムダになってしまいます。

会議には①と③、②と③など、複合的な組み合わせの会議もあります。

開こうとする会議がどの会議なのかを判断できれば、事前準備や人選などを的確に判断し、ムダな時間を過ごす必要がなくなります。

もちろん、長時間にならないために、終わる時間を決めておくことが重要です。

32
仕事が速いリーダーは、会議を目的に沿ったやり方で運営できる！

33 速いリーダーは発言時間を減らし、遅いリーダーはとにかく発言を増やす。

あなたの会社では1週間にどのくらいの時間、会議を行っていますか？

私が主催する時間術のセミナーでよく聞く質問です。のべ３００人以上の方に聞いていますが、半数以上の方は３割以上、多い方で５割以上の時間を会議や打ち合わせに費やしていると答えています。

かつて私の勤務していた会社でも、３割以上は当たり前。さまざまなプロジェクトに参加していた当時の総務課長は、１日７割以上の時間を会議に費やしていました。

リーダーの役割のひとつに、この膨大な会議の時間を削るという任務があります。

管理職は生産性のない仕事です。プレイングマネージャーだとしても、マネージャーの役割のときには生産性がありません。生産性のないリーダーの役割は、「決断すること」や「効率化を図ること」、「部下の育成」、「スピードを上げる仕組み作り」などがあります。

プレイヤーである部下が、集中して本業を行う環境を作り上げるのです。

仮に月50時間会議に費やしていた会社が、２割の削減に成功したと思ってください。10時間も削減できます。

10時間あれば１日分の勤務時間以上に相当します。しかも、それだけではありません。今の計算はひとり当たりの削減時間です。10人の社員が参加していたら10人×10時間で１００時間、50人なら５００時間も削減することができるのです。

削減された１００時間〜５００時間を、営業や商品開発、販売活動などに使うことができるのです。

私の勤める建設会社では、会議のクオリティーを落とさずに時間の削減を追求するため「会議のルール五カ条」を定めています。

第一条　発言は3分以内

時間制限を設けることでダラダラと話す人がいなくなります。３分は短いという意見もありますが、優秀なビジネスマンなら日頃から話を簡潔にまとめる力を身につけていなければなりません。3分で話す力を養うことは、社内会議よりも重要な社外でのプレゼンテーションにも役に立ちます。

第二条　反対意見1：改善提案1

このルールを設けることで、何にでも否定的な意見を言う人がいなくなりました。とかく前例がないと「無理」と言う人がいます。本来は、前例がないから提案し、前例がないから他社との差別化が図れるのです。

第三条　同意語を使ってから反対意見を言う

まず相手の意見を認め、発言者を肯定するように心がけます。そうすることで険悪な雰囲気になることを防ぎます。

「それは違う!」、「何を言っているんだ!」、「話にならない!」という第一声よりも、「その意見も分かりますが」、「素晴らしい意見ですが」など認めた上で反対意見を言えば、次に出てくる言葉は柔らかくなります。新入社員も話しやすくなるのです。

第四条　強制発言

会議の7割以上、声の大きい人や年次の高い人などの特定の人が話しているというケースが少なくありません。リーダーは話していない人がいないか気を配り、ひとり1回は発言するような仕組み作りをするのです。

第五条　結論を出す

長々と会議をして結論が出ない場合があります。以前の会社では話し好きな上司がいて何時間も話していました。会議が終わったあとで参加者が決まって言うセリフが「で、結論は何？」でした。現在の会社では「結論を出す」、「結論が出ないなら、いつまでに出すか決めて終える」のどちらかと決めています。

会議を効率的に進めて有意義なものにするのも、無意味にするばかりか生産性のある仕事の時間を奪うのも、全てリーダーの責任です。

33 仕事が速いリーダーは、会議のクオリティーを落とさずに時間の削減を追求する！

34 速いリーダーは新入社員から聞き、遅いリーダーは幹部から聞く。

会社全体で残業が増えていたため、人事部から業務を見直し、改善案を提出するように、課長全員に通達がありました。

ある課長は、業務の中に慣行的に行っているルーティン業務が多くあったので、これらの業務を削減できないかと考えていました。特に書類を減らせないか、中でも項目の多い日報や分厚い会議資料を廃止あるいは簡易的なものに変えてもいいだろうと考えていました。

さっそくチームミーティングにおいて、補佐役的なベテラン社員の意見を聞きます。

幹部社員やベテラン社員には、次のような特徴があります。

① 定型業務は減らしたくない

②　変化を恐れる
③　新しいことを考える場合でも、現状を基本に考える

よってムダに思える書類でも、今までやってきたので必要なときがあるかもしれないと考えてしまうのです。今までこの書類を使ってきたのは、何らかの理由があるからだ。やめてしまうのは簡単だが、何かあった場合に必要になるのではないかと考えます。変えることに抵抗感があるため、時間がかかってしまうのです。

このあと若手メンバーにも意見を聞いてみますが、ベテラン社員の意見を聞いたあとでは答えづらそうな雰囲気です。ベテラン社員に話を合わせてしまいます。

会議や打ち合わせなどで、意見が通りやすいのは、声が大きな人や影響力のある人の発言です。幹部社員や年次の古い社員から先に聞いていくと、あとから意見を言う若手社員は、自分の意見を言いづらくなるのです。結局、黙ったまま同調してしまいます。

これでは会議に時間はかけたものの、抜本的なアイデアは生まれてきません。

仕事が速いリーダーは、新入社員から順に聞いていきます。

新入社員であっても1番目に指されると、回答がしやすくなります。新入社員をはじめとした若手社員には、次のような特徴があります。

①慣行にとらわれていない
②ゼロベースで考えられる
③柔軟性がある

また**新入社員は、仕事に慣れていないという短所の裏返しで、会社に染まっていない、柔軟な考えができるということが言えます。**この新しい芽を摘まないようにしようと考えなくてはなりません。

ジョエル・バーカーが『パラダイムの魔力』で、「人間は自分が信じているものが見える」と言っています。つまり人は、一度信じたことについては、都合が悪くなっても時代遅れになっても信じ続ける傾向があり、慣行的なことを打破するのは容易ではありません。打破するためには、ゼロベースで考えられる新人の力が必要なのです。

ここで重要になるのは、新人が出した意見に対して否定しないようなルールを作ることです。

顧問先の会議にオブザーバーとして参加したときのことです。若手メンバーからの意見が全然出てきません。「なんだ、意見はないのか」と幹部が責めたてたとき、ようやくひとりのメンバーが意見を出しました。

すかさず、幹部が「そんなこと、できるわけないだろ」と全否定していました。否定されると若手メンバーは返せなくなります。他の意見も出てきません。まさに悪循環です。この悪循環を打破するためにも、「否定は禁止」というルールを作るべきなのです。

また、**ベテランメンバーには、発言を促したり、話の流れを整理したり、若手のサポートをするなどファシリテーター（促進者）の役割をさせましょう。** そうすることで、若手メンバーの意見を出しやすくするだけではなく、ベテランメンバーにもリーダーとしての素養を身につけさせることができるのです。

34 仕事が速いリーダーは、意見を出しやすい環境を整える！

第6章

仕事のやり方・段取り 編

35 速いリーダーは開始日を決め、遅いリーダーは終了日だけ決める。

仕事の進め方には「他の人と共同で進める仕事」と「自分ひとりで進める仕事」の2種類があります。

「他の人と共同で進める仕事」には、会議や打ち合わせ、商談などがあります。そして「自分ひとりで進める仕事」には、企画書の作成、顧客名簿の整理などがあります。

この**「自分ひとりで進める仕事」が、つい後回しになってしまうのです。**他の人と共同で進める仕事には、相手がいます。当然相手との約束を守らなければいけません。しかし自分ひとりで進める仕事には、そのプレッシャーがないので遅くなってしまうのです。

そこでこの項では、ひとりで進める仕事が速くなるポイントを紹介します。

① 着手する日を決める

仕事には「なんだかこの仕事は膨大な資料があって面倒だな」とか、「難しい仕事で何から手をつけていいか分からない」と思うときがあります。

こういう場合、その**仕事の作業を細かく分解しましょう。**

そして、最初にやる作業を定めます。やる作業が決まったら、その作業をいつからはじめるかを決めるのです。ほとんどの人は締切日を決めますが、着手日を決める人は少ないです。

例えば、新商品の企画書を作成することになり、最初に他社の同じグレードの商品にどんなものがあるかを探すとします。その行動をいつから起こすのかを決めるのです。

仕事が遅い人は、やらなければならない仕事にまったく着手していないことがほとんどです。逆の観点から言うと、着手しさえすれば勢いに乗って仕事が行えます。着手すれば半分は完了と言う人もいますが、あながち嘘ではありません。

② 自分へのアポを入れる

スケジュール帳には、他の人との約束は入れますが、自分との約束は入れていないのではないでしょうか。

仕事は次の４つに大別ができます。

1 重要度が高く緊急度も高いもの
2 重要度は低いが、緊急度が高いもの
3 重要度は高いが、緊急度が低いもの
4 重要度も緊急度も低いもの

この場合、最初にやる必要がある仕事は1でしょう。次にやる仕事が分かれます。仕事が速い人は、3をやります。仕事が遅い人は、2を優先させます。緊急度は、他人との約束に影響されます。約束の期限に近づいているから、緊急度が高いのです。一方で3の仕事は、緊急度が低いので優先されません。しかし、仕事が速い人はこの3に力を入れます。

そのためには「自分へのアポ」を入れて、やる時間を確保します。役職が上がれば上がるほど、他人と共同でやる仕事の割合が大きくなっていきます。だからこそ**リーダーは、意識して自分時間を作るようにしていかなければなりません。**

③各作業の終了時刻（期限）を決める

各工程の作業を細かく分解し、期限を明確にします。

仕事が遅い人は、全体の作業の終了時刻は決めますが、途中の工程の終了時刻までは決めません。しかし**仕事が速い人は、各工程の締切を短くして、終わるごとに達成感を味わうのです。**工程ごとに少しずつ時間を短く設定し、達成時間の記録更新を狙うなどゲーム感覚で仕事を進める方法もあります。

さらに人間は強制力があると、きちんと仕事に取り組みますので、社内で全員が共有できるスケジュール表があればそれを使い、なければ机に作業予定を貼り出しておくといいでしょう。

緊張感も生まれますし、他に仕事があると明示することで、他の人が安易に仕事をお願いしてくることを防ぎます。結果、予定を乱されずに仕事に集中できるのです。

36 速いリーダーは見切り発車し、遅いリーダーは慎重に進める。

仕事が遅いリーダーのBさんは、半年後に行われる会社設立30周年記念パーティーの幹事を任されることになりました。

大事な行事ですので、彼は失敗しないように慎重にやっていこうと考えました。何か問題が起きるのではないかと心配だったからです。そこで、その仕事に集中できる時期を待つため、今やっている業務が落ち着く月末からはじめようと考えました。

完璧な準備を目指して、全てが整ってからはじめようとすると、最初の一歩が踏み出せません。結局、パーティーの段取りをはじめたのは、当初予定からさらに延びて翌月の後半になってからでした。幹事を任されてから2カ月後です。

まず取りかかったのは、一番重要で緊急性の高い会場の予約。しかし当初候補にしていた会場は満員でキャンセル待ちになっていました。いつも会社の重要なイベントには必ず使っている銀座の会場です。しかも、他の主だった銀座の会場はどこも空いておらず、仕方なく浜松町での開催になりました。

上司に報告すると、「なぜもっと早く動かなかったんだ？ 会場だけでも早く押さえておけばよかっただろ」と厳しい叱責を受けてしまいました。当然、Ｂさんに対する評価は厳しいものになってしまいました。

仕事が遅い人の共通点は、着手が遅いことです。もちろん行き当たりばったりでは困ります。札幌に出張と言われて、調べずに飛行機に乗ったら福岡でしたでは困るのです。行動する前に最低限の準備は必要です。

だからといって**完璧な準備ができるまで待っていると、いつまで経っても行うことはできません。**

仕事が速いリーダーが任されていたら、どうなっていたでしょう？

任せられた時期が繁忙期中です。この時点で優先順位の高い仕事は通常業務なので、Ｂさんと同じく、全力では設立記念パーティーの準備に取りかかれなかったでしょう。

しかし、やるべき仕事を細分化し、その中で重要で緊急性の高いものについては手をつけたはずです。

特に会場を押さえることは、重要で緊急な業務です。毎回使っている会場なので電話番号も担当者の名前も分かります。会場の予約にかかる時間は、たったの1分。

この1分の違いで、仕事が速いリーダーと認められるか、仕事が遅いリーダーの烙印を押されるかが決まるのです。

だいたい準備をどれだけ万端にしても、変更点は出てきます。

だから、仕事を与えられたら、まずは動いてみることです。動きながら考えます。動いているうちに修正点も見つかります。**限られた時間の中で「何か少しでもいいからやってみる」ことが大切なのです。**

例えば、企画書を一文だけ書く、大まかなスケジュールだけを作る、資料の目次の部分だけでも読んでみるなど、少しの時間でもいいから試してみるのです。

「たったそれだけの仕事」を、急いでやっても仕方ないと思うかもしれません。しかし、この「少し」という中途半端な仕事が意外に役立つのです。

少しでも着手したという安心感と、全体的にこの仕事は難しいか簡単か、時間がかかるかどうかのイメージもつけられます。少しのつもりではじめたのにノリで仕事がはかどり、最後までやり遂げてしまう場合もあるのです。

アメリカミシガン大学の研究チームが行った調査によれば、**心配事の80％は起こらないそうです。しかも、あらかじめ準備して対応すれば16％は解決できると言います。**つまり心配事が現実になるのはたった4％。はじめないから心配なのです。

少しでも動く、着手を早めることがストレスをなくし、さらに仕事が速くなることにつながります。中途半端な仕事をムダだと思ってはいけません。

仕事の依頼を受けたら、少しでもいいからはじめてみる。それだけでも格段と仕事が速く進みます。

36

仕事が速いリーダーは、与えられた仕事にとりあえず着手する！

37 速いリーダーはフラフラ出ていき、遅いリーダーはどっしり座る。

私が課長に昇進したばかりのときは、いつも仕事に追われていました。来週の会議で提案する企画書を作成しなければならない。そんなときに限って、営業の電話、挨拶廻りで来た取引先の応対、部下からの些細な質問、上司の雑談……。企画書作成に集中しようと思っては来客、集中しようと思ったら電話、集中しようと思ったら質問。あっと言う間に午前中が終わってしまいました。

やっと業務も落ち着いてきた昼過ぎ、企画書の作成に取りかかります。しかし仕事が一向に進みません。午前中、雑務で力を使い果たし、昼ごはんも食べて眠気が襲い、午後の時間は難易度の高い仕事に集中することができないのです。

仕方なくいつもと同じような企画を少しアレンジしただけのものを提出しましたが、会議では上層部から「代わり映えのしない企画書だな」と低い評価になってしまいました。

その一方で隣の部署にいる1年先輩のA課長の企画書は、斬新で出席者からも好評です。彼の企画が採用されたのは、今回だけではありません。何度も採用されています。

「なぜ、彼の企画ばかりが採用されるのか?」

気になった私はA課長の動向を探ってみました。

そこで気づいたのは、A課長は午前中、デスクにあまりいないのです。内勤の課長には頻繁に外出するほどの業務はありません。

思いきってA課長にその真意を聞いてみました。すると、次のように答えてくれました。

「午前中、部下に事細かく指示をしてから2時間だけ席を外すんだよ。空いている会議室でもいいし、喫茶店でも、図書館でもいい。とにかく集中できる場所に避難して仕事をしているよ」

もちろんプレイングマネージャーなので、部下を放置して出かけるわけにはいきません。部下には2時間分の仕事を明確に伝え、さらに緊急の場合には携帯電話に連絡をするように指示をしていました。そして午後、会社に戻り雑務や接客などを行っていたのです。

私と同じ8時間の勤務時間でも、仕事が速いリーダーは、仕事の順番が違っていました。

それ以来、私も**午前中の時間を「がむしゃらタイム」と勝手に名づけ、優先順位1番の仕事に取り組むように順番を変えました。**邪魔が入らないように会議室にこもることが多く、急用以外は仕事も電話も受けつけないようにしたのです。結果、午前中で重要な仕事の8割が終えられるようになりました。

時間帯だけでなく、場所を変えることで気分はさらにリフレッシュします。許されるなら、会社の近くのスターバックスなどのカフェに行くのもいいでしょう。周囲の人も仕事や勉強をしていますので、刺激にもなります。

また**性質の違う仕事を交互に行うことで、効率良く頭を切り替え、リフレッシュさせるという方法もあります。**具体的には右脳を使う仕事と、左脳を使う仕事を交互に行うということです。

左脳を使う論理的な仕事で疲れたら、意識的に右脳を使うような感覚的な仕事で息抜きをする。逆にアイデアを絞り出すような会議で右脳を使ってしまった場合、次は左脳寄りの作業を行う。

右脳なら右脳、左脳なら左脳というように、同じ脳を使い続けると早く疲れを感じるそうですが、使い続けても違う脳だと、頭の切り替えになります。

実は場所を変えることは、頭の切り替えにもなるのです。同じ仕事を続けてマンネリになったら、場所を変えてみてください。実際、私も本書を執筆していますが、筆が止まってしまうことがあります。そのようなときは場所を変えてみます。すると、また筆が進むのです。

37 仕事が速いリーダーは、集中力のある午前中に優先順位の高い仕事を行う！

仕事が遅いリーダーは、常識にとらわれて、「上司や内勤者はデスクに居なければならない」という先入観を持っています。しかし、今は携帯電話やメール、ラインで連絡できる時代です。事務所を留守にしても、固定電話を携帯電話に転送にすることもできるのです。

38 速いリーダーは書類を一度しか読まず、遅いリーダーは何度も目を通す。

資格の大原で、日商簿記3級の講座を担当しています。簿記の「簿」の字も分からなかった受講生が、最終的には合格点を取って卒業していく。その手助けをできることは、何度経験しても無上の喜びです。

そんな受講生から試験前によく受ける相談が「自分は電卓を叩くスピードが遅い」、「速く叩けるテクニックは?」、「周りは電卓を叩くのが速いので、受かる自信がなくなった」など、電卓を叩くことが遅いという不安からのものです。

電卓検定があるくらいですから、より速く電卓を叩くテクニックはあります。練習をすればするほど速くもなります。しかし合否に影響は、ほとんどありません。

なぜなら、電卓を速く叩く人は、確認のためにもう一度叩き直す傾向にあるからです。金額が合わないときは、さらにもう一度叩きます。つまり合計三度。

一方、電卓を叩くのが遅い人は、一度で正確に行います。

どれだけ速く叩けても、二度行うなら、一度で正確に叩く人と時間に大差はありません。むしろ計算が合わず三度、四度と叩くなら、一度で正確に叩いた方が速く計算を終える場合が多いのです。

ポイントは、ゆっくりでいいから正確にやること。二度とこの計算は行わないという気持ちで叩くことをアドバイスしています。

電卓を叩くのが遅いというコンプレックスを抱えていた受講生。その受講生の安心している顔を眺めながら、いつも思い出すのは「一期一会」という言葉です。

一期一会とは、御存じのように「その機会は二度とない。一生に一度限り」という意味です。電卓を一度だけ叩いて正解を導き出すのは、「一期一会」の精神に似ています。

そして、**会社のデスクの書類箱に入っている書類を処理するときも「一期一会」という言葉を思い出します。**

私はA4サイズの用紙が入るフタがついた書類箱を使っています。ここで重要になってくるのは、フタの存在です。フタをひっくり返せば、箱と同じように書類を入れることができます。

箱に入っていた書類を取り出し、すぐ処理できる書類は直ちにやり、明日以降に処理する書類はフタへ入れます。

例えば、稟議書は確認したら上司の机へ、広告やカタログなどは次の人に回すか書棚や書庫などへ、領収書は精算へ。

来月20日に行われる消費税の説明会の案内は、日付の書いてある箇所を黄色のマーカーで塗り、同時にスケジュール帳に日程を記入。そして案内状はフタへ。

仕事が遅いリーダーは、少し面倒な書類だと、途中まで読んで「明日以降に処理しよう」と考えます。その書類はどうなるか？　明日も最初から読み直すことになるのです。そして最悪、毎回挨拶するように書類を眺め、面倒だったら先送りにします。

仕事が速いリーダーは、書類を読みはじめたら読みきって処理します。特に稟議書は自分の書類箱にためておきません。この書類とは二度と会わない。一期一会の精神です。

もし仮に、今日読めない書類なら読む日を決める。その二者択一です。

仕事が速いリーダーは、書類を明日以降に処理するパターンを以下の3種類と決めています。それ以外は、すぐやるのです。

①他からの連絡がないとできない書類なので、後回しにする
②書類を使う予定がまだ先なので、後回しにする
③他に優先順位の高い仕事があるので、後回しにする

あなたが、もしその書類を「明日以降に処理する」と決めるときには、本気で自問自答してみてください。

「本当に読めないのか？　読む時間がないのか？　それとも読んで処理するのが面倒なだけか？　難しい文章だから読むのが嫌なだけじゃないのか？　そんな理由なら読め！　読みきれ！」

自問自答してそれでも無理なら、書類をクリアファイルに入れ、処理する日付を書いてメモ紙を挟み、フタ（明日以降に処理する書類箱）に入れておきます。

39

速いリーダーはメールに頼らず、遅いリーダーはメールに頼る。

メールは便利な伝達手段です。時間を気にする必要がありません。添付ファイルを使って大量に情報を送れます。複数の人に一斉に送信することができます。保存することで記録としても使え、トラブルになったときのために証拠として残すこともできます。

しかし、メールは必ずしも全てにおいて万能なわけではありません。電話や直接会って伝えたほうがいい場合もあります。またメールで伝えても、補完で電話などを使うケースもあるでしょう。

隣の部署のBさんは、「忙しい、忙しい」が口癖の30代後半のリーダーでした。

その日、Bさんは朝からイライラしていました。来週の経営会議で使う資料の提出を地方にいる4名の部下に依頼していたのですが、誰からも回答が来なかったからです。

お昼前に2名からは回答が来ましたが、的を射ていません。

連絡が来ないか、的を射ない回答。なぜ、こんなことが起きてしまったのでしょう？

それはメールに分かりにくい曖昧な言葉を使用していたからです。Bさんは、上司がメールを送ったら、部下はそれを解釈するもの、分からなかったら聞いてくるものと思っていました。しかし、**上司が相手だからこそ気後れしてしまい、「理解できない」とは言いづらく、質問もしづらい。結果、返答が遅れたり的外れな回答になるのです。**

この場合、100％リーダーである上司の責任です。**メールをして反応がないものは、電話をして確認すべきなのです。**

こんなケースもありました。

Bさんは通販の家具店に、キャビネットの見積もり依頼をメールでしました。新入社員が数名入ってくるので、新しいキャビネットを購入しようと考えたからです。しかし、問い合わせのメールを送って2営業日が経っても回答が返ってきません。「メールしてやっているのに返答がない」、「客をなめている」と怒ったBさんは、その業者からの購入をやめ、片道30分以上かかるリアル店舗の家具店に部下とともに出かけました。

会社に戻ってきたときには、すでに夕方。パソコンを開くと1通のメール。音信不通だった通販の家具店からのものでした。サーバーにエラーがあり、メールの返答が遅くなったという趣旨の丁寧な詫び状です。

このとき、仕事が速いリーダーなら通販会社に一本電話を入れたことでしょう。メールの内容を電話で補完すれば良かったのです。サーバーエラーは先方の責任です。でも電話をすることぐらいはできたはずです。

仕事が速いリーダーは、急ぎの案件は電話連絡をします。メールを見て瞬時に返信してくれる人もいる一方、メールを見るのが遅い人、あるいは接客中や出張中などで返信がすぐにできない状況にある人もいます。最悪、迷惑メールフォルダに入ってしまっている場合もあるのです。

また、メールは便利な仕事の武器でもありますが、凶器にもなりえます。それは、相手の非を指摘する場合です。メールだと感情的な文章になる場合があるのです。

上司からメールで厳しく注意を受けた印象だったが、いざ上司と対面で会ったら思ったほど怒っていなかった、という経験はありませんか？　**メールは相手の顔が見えないので、受け取った側の推測で判断し、発信者と違った解釈をしてしまうのです。**

また対面上で相手を叱るときは、相手の顔も見えるので、多少は気を使って叱るかもしれませんが、メールは相手の顔が見えない分、乱暴に書いてしまう場合があります。さらにメールは残るので、つい見返して必要以上に落ち込んでしまうことにもなりかねません。

メールは便利な連絡手段ですが、次のような場合は電話など別の連絡手段を検討してみてください。

①急いでいる場合はメールを送ったことを電話でも伝える
②複雑な内容の話は電話で伝える
③叱責やクレームはメールではなく、電話か対面でする

39 仕事が速いリーダーは、メールのみならずそのときどきに最善の連絡手段を使う！

40

速いリーダーはメールをほとんどチェックせず、遅いリーダーは小まめにチェックする。

仕事が遅いリーダーは、毎日メールの対応に追われています。

メール着信の知らせについ反応し、何度もチェックしてしまうのです。すぐに返信しなくてはならないという強迫観念もあるのか、メールの返信で午前中が終わってしまうこともあります。

新着メールがあるごとにメールソフトを開いていたら、仕事に集中できません。

「メールを受信したら、すぐに返信しなければ失礼だ」、以前の私もそう考えていた時期がありました。

しかし、そのメールはすぐに対応しなければならないものでしょうか?

営業先に行っていた、午前中は重要な会議に出席していた、このような状況なら、何時間もメールを返信することができません。だからといって、送信者とトラブルになったことは一度もないです。

あるアンケートによると、「ビジネスメールは24時間以内に返信すれば失礼にあたらない」という結果が出ていました。「24時間以内に返信」すれば、マナー違反にはならないのです。

何よりメール対応により、他の業務が遮られます。集中しはじめた頃にメールの着信音。返信しなくても着信音だけで集中力が途切れます。

仕事が速いリーダーは、集中して仕事をこなします。ひとつひとつの仕事のスピードが速く、ほとんど残業もせず、定時で帰れるのです。

仕事への集中力を維持するために、メールチェックの「回数と制限時間」を決めましょう。

目安の回数は1日4回。

1回目のチェックは出社時。前日に処理できなかったメールのチェックをします。そのあとは、お昼休憩のあとの午後1時、さらには午後3時、退社時と決めます。

もちろん着信音はサイレントにし、決まった時間以外はメールソフトを開きません。それでも先方から「メールの返信が遅い」というクレームをもらうことはないのです。

やり取りが頻繁なお客様には「2時間ほど席を外します」と返信できないことを伝えたり、内容の複雑な案件などは電話で対応します。

さらに、**メールをチェックする制限時間も設けましょう。**

チェックする回数を決めても、際限なくチェックしていたら元も子もありません。回数と同じように制限時間も決めるのです。

例えば朝の出社時は30分、午後の1時は20分、午後3時と退社時間は15分というように。仮にチェックしていて時間が経ってしまったら、次に回します。

その際、すぐにメールを返信できるものは対応しますが、すぐには返せないメールもあります。

例えば、いろいろな方面から検討する必要がある案件、上層部の許可をとらなくてはならない案件などがそうです。

また、添付資料を読むのに時間がかかるものもそうです。

このような場合は、24時間以内にメールを受け取った旨の報告とお礼、いつまでに回答するという期日を連絡します。複雑なケースでは、相手もすぐに回答は求めてきません。

メールが届いたということさえ分かれば、無事届いたのだなと安心します。

また日頃から、以下のような対策を取れば、より速く片づきます。

・受け取るメールの量を制限する。不要なメールマガジンは配信停止にし、迷惑なメールは送信者のアドレスを「迷惑メール」に入るよう設定する
・文字変換機能を活用する。例えば「こんご」と打つと「今後とも宜しくお願い致します」と変換できるように登録しておく
・受信したメールは、すぐに返信するか、削除するか、返信する日を決める
・送信するメールは、結論から先に書く
・送信するメールは、件名を分かりやすく書く
・社内メールなら、【重要】、【緊急】、【○○日まで】など、一目見て分かるように件名をルール化する

40 仕事が速いリーダーは、仕事が途切れないようにメールをチェックする時間を制限する！

41 速いリーダーはカラーを好み、遅いリーダーはモノクロを好む。

15歳のときに出会った1冊の参考書が、自分の運命を変えました。

と言うと大げさですが、そのあとの勉強のやり方やビジネス書の読み方、講師としての指導法、税理士業務の申告書作りに至るまで、影響していることは間違いありません。

何が書いてあったかというと、色に意味を持たせてマークを引くことです。

例えば、参考書で最重要な箇所にはピンクのマーカーを引く。ピンクほどではないが重要な箇所にはグリーン。「しかし」、「ではない」などの否定系にはブルー。前節と同じことを言っている箇所にはオレンジといった具合に、色分けしていきます。

大学受験、税理士を含む各種資格試験でも、この方法でテキストや参考書に色分けしました。

税理士試験は問題文が難解なため、試験会場にまで4色のマーカーを持参し、問題文を色分けして読解していきました。おかげで難関と言われる試験に合格できました。

リーダーになった今、作成する書類を部下に指示するときにも、この方法を使って指示しています。

会社で作成する書類には、大きく分けて２種類あります。

以前に作ったものと同じような書類と、新規で作る書類。

あなたの会社の書類は、どちらが多いですか？

もちろん各会社の業種や社歴によっても異なりますが、開業したばかりでもない限り、以前に作った書類の加筆修正が圧倒的に多いはずです。決算、許可、登記、社会保険、雇用保険、注文書、請求書、契約書そして忘年会の案内まで。これらは一度作ってしまえば、次からは一部に手を加えればいいので、新規で作る書類より簡単に作成できます。

以前に作った書類の作成を部下に依頼するなら、黒いボールペンで書き込んで指示するよりも、蛍光マーカーを使って指示するほうが格段に速く、しかも正確に伝えることができます。

例えば事業年度終了報告書を作成する場合。

まず、前年度の書類をコピーします。

前年度の書類と変わらない住所、電話番号、ファックス番号などには、オレンジのマーカーを引きます。つまり、今年度の書類にそのまま書き写せばいいという指示を、言葉ではなく色で伝えることができるのです。

許可業種の変更や必要のない箇所にはブルーのマーカーを引き、書き写さなくていいことを表します。

前年度の書類と変わった箇所など重要な箇所にはピンクのマーカーを引き、修正することを強調します。


年度によって変わる「作成の手引き」も同様です。

前年度と変わっていない箇所にはオレンジのマーカー。

当社は株式会社で1期平均の売上高を計上するので、個人事業者の情報や2期平均で売上高を計上する説明文など、不要な箇所にはブルーのマーカー。

新基準や、早く取り寄せなければならない納税通知書の説明文には、重要な箇所なのでピンクのマーカーと、それぞれ色分けをします。

そうすることで、**黒一色による指示よりも視覚的に一目で理解することができ、速く、しかも間違えずに書類を作成することができるのです。**

また左右の脳にはそれぞれの働きがあります。

左脳には分析、計算などの論理的思考。右脳には感覚、イメージなどの直感的能力。レオナルド・ダ・ヴィンチやバッハなどの芸術家は、右脳の能力がずば抜けて高かったと言われています。また、左脳は文字を認識し、右脳は色を判断すると言われています。

つまり文字を書くのに左脳を使い、蛍光ペンでマークを引くなど色の刺激は右脳を使うことになるのです。

黒いボールペンだけを使うのではなく、いろいろな蛍光マーカーを使うことによって、仕事を速く仕上げ、ミスをなくし、全脳も使う。さらにワクワク感も手に入れることができるのです。

41 仕事が速いリーダーは、蛍光マーカーを上手に使う!

42 速いリーダーは略して書き、遅いリーダーは正しく書く。

資格の大原で、日商簿記3級の講義を受け持っています。試験は100点満点のうち70点取れば合格。講義にきちんと出席し、毎回の宿題をこなし、予習復習を繰り返せば合格レベルに達します。しかし、それで合格できるかといえば、そうとは限りません。なぜか？

それは2時間という制限時間があるからです。

つまり、どれだけ知識が豊富で100点を取れる実力があっても、2時間という限られた時間の中で70点の正解を書き出さなければ合格はできないのです。

期限つきの仕事もそうですよね。**どれだけ完璧な資料を作っても、期限内に提出しないと意味がありません。**期限内にいかに完成度の高い仕事をするかが重要です。

では、限られた時間内で終わらせるには、どうすればいいのでしょうか？

試験では計算用紙が与えられます。計算や仕訳を行うのに自由に使っていいメモ用紙です。試験が終わっても回収されません。

回収されない計算用紙なので、自分が分かる範囲の文字を書けばいい。それなのに受講生の計算用紙の使い方を見てみると「減価償却累計額」、「償却債権取立益」、「貸倒引当金戻入」などと丁寧に書いているのです。想像してみてください。これらの字を手書きで書くのを。

何度も言いますが、2時間という限られた時間の中で70点を取らなければならない試験です。湯水のように時間があるなら別ですが、制限時間は刻々と迫ってきます。回収されない計算用紙に、丁寧に書いている暇はありません。

ここで必要になってくるのは略字です。

私が税理士の受験生だった時代。計算用紙は、自分しか判別できないような略語・記号で埋まっていました。

例えば「現金」ならキャッシュの「C」。「預金」、「建物」、「備品」などは英語に直そうと試みましたが、何ひとつ英単語が思い浮かばない。英語力が弱い私には無理でした。そこで、それぞれローマ字読みの頭文字を使う作戦に切り替えました。預金はYOKINの

「Y」、建物はTATEMONOの「T」……。このように略語にして計算用紙に書きました。例えば、「現金100円を支払って、備品を購入した」という取引を正式に仕訳に直すと、（備品）100（現金）100と、書かなければなりません。

しかし、略語・記号にすると、（B）100（C）100で済むのです。

また計算用紙を見て集計するときも、記号化すると視覚的に見やすく、しかも楽です。例えば現金の金額を20項目集計するとき、「現金」を拾い集めるのは見づらくて見落とす場合があります。一箇所でも見落とせば間違えになります。「現金」を拾い集めるより「C」を拾い集めて集計する方が楽で、しかも間違いも少なくなります。

略語・記号を使うことはケアレスミスをなくし、かつ試験を速く終わらせるコツなのです。

記号、略語は仕事の場面でも応用が効きます。

リーダーなら必ず持っているスケジュール帳。スケジュール帳で必要なのは、速く正確に書き、直感的に確認できること。

私の場合は、試験で用いた略語・記号をスケジュール帳にも応用しています。
例えば、社長との約束は「Ｓ」、副社長は「ＦＳ」、部長は「Ｂ」、課長は「Ｋ」など。自分のルールで略語を作り、書き込むのです。

「社長と書くのとＳと書くのとでは、ほんの数秒の違いじゃないか」と言われそうですが、数秒の積み重ねが「分」になり「時間」になり、やがて１日分になります。

また、部長、課長など「長」だらけの役職名を書くよりも見やすいので、見間違えることもありません。

さらに、記号を使えば正式名称を使うよりスケジュール帳の余白も増えて、より多く書き込めます。

加えて、**色分けすることで、正確性、スピード性をより一層アップさせます。**私の場合は、青色は建設会社関係、赤色が税理士業務、大原簿記関係、緑色はセミナーやプライベート、黒色は未定や仮の予定というように４色ボールペンを使って色分けしています。

42 仕事が速いリーダーは、記号を使ってミスなく効率良く業務を進める!

43

速いリーダーは記録し、遅いリーダーは記憶する。

いきなりですが、「これから理髪店を開業する！」と決意してみてください。突然の脱サラ、もしくは今の仕事プラス理髪店経営という兼業。かなりハードですが、理髪店を開業すると、どんな取引が発生すると思いますか？

思いつくままに挙げてみると、

・土地や建物を買うか借りる
・借りるとしたら敷金、礼金、前払家賃、保証料などを支払う
・シャンプーやトリートメントを購入する
・事業を拡張するために銀行からお金を借りる
・電気代を支払う
・水道代を支払う

・従業員に給料を支払う
・1年間の儲けから税務署に税金を納付する

……このように会社を開業すると、さまざまな取引が行われます。

では、これらの取引を全てあなたの頭の中に「記憶」しておけますか?

無理ですよね。そして時間のムダですよね。そんなことを記憶しておく必要はありません。では、どうするか。「記憶」するのではなく、「記録」するのです。

人間には記録するという知恵があります。それなのに記録に頼らずに記憶に頼る人がいます。

私の知り合いの会社では、得意先を招いて定期的に勉強会を開いています。もう何度も行われている勉強会。運営も進行も完璧です。

ただそのときは、はじめてF商事の常務が参加することになりました。実はこの常務が、食肉アレルギーを持っていたのです。

そのことをリーダーは部下から聞いていましたが、「分かった分かった」と軽く対応し、メモを取りませんでした。

結果、開催の2日前に弁当の手配をするとき、常務のアレルギーをすっかり忘れて、「いつもの焼肉弁当20個」を手配してしまったのです。当日、お昼休憩のときに、常務の一声で気づきます。

「私は肉が苦手であることをお話ししていたはずですが……」

結局、近くの弁当屋さんへ駆け込む羽目になっただけでなく、得意先の常務の信頼も失うことになりました。

人の記憶は本当にあてにならないものです。特にいつもと違うイレギュラーなものは、絶対に記録する必要があります。

このように記録をしないで記憶に頼るリーダーは仕事をやり直す羽目になり、二度手間になってしまうため、時間も余計にかかってしまうのです。

一方で仕事が速いリーダーは、日程や約束事、重要な要件はもちろん些細なことまでメモします。

特にいつもと違うイレギュラーな内容は、意識して記録します。自分の記憶力をあてにしていないからです。

さらに、**メモを取ったら復唱し、確認を行うようにします。場合によってはメモのコピーを相手に渡して、ズレがないかを見てもらいます。**

間違いがないか、また双方に誤解がないかを確かめるのは重要です。曖昧な部分や言い足りない点、聞き漏れなどがあるからです。

確認することで、やり直しなどのムダはなくなり、仕事の質も効率も上がってきます。

仕事が速いリーダーは、記録に頼ります。記録しているので、目の前の仕事に集中することができ、仕事のスピードも上がるのです。

43

仕事が速いリーダーは、忘れることを前提に仕事を進める！

第7章

自己啓発 編

44

速いリーダーはＤＶＤを見て、遅いリーダーはテレビを見る。

終身雇用、年功序列が全盛の時代には、管理職は管理のみ、専門職はプレーヤーとして専門性の高い仕事のみなど、役割分担がなされている会社が多く存在していました。ところが少数精鋭主義、人件費削減などの流れから、昨今はプレイングマネージャー制度を採用している企業が多く見受けられます。

プレイングマネージャーはその名の通り、部下を育成・指示指導する立場である「マネージャー」としての役割と、営業や総務など現場での「プレーヤー」としての役割をともに担っています。

２つの役割をこなさなければならないプレイングマネージャーにとって、時間がないことは大きな悩みとなっています。同時にこのままではダメだという危機感や、もっと専門性を磨きたい、語学の勉強をしたい、部下をマネジメントする能力を身につけたいなど、向上心を持っている人が大勢います。

これらの問題を解決するためには、**出社準備をする時間を利用する**のが有効です。

朝は報道番組が多く、見ている人も多いと思いますが、その内容は殺人、強盗、虐待、いじめ、クスリ、芸能人の離婚など、ネガティブ情報であふれています。ネガティブな気持ちになって出社準備をするくらいなら、思いきって朝の報道番組を見ないことです。

では、どうするのか？

自分の能力を高めるために、ＤＶＤを見ながら出社準備をするのです。

リーダー論を頭に叩き込みたい、営業ノウハウを知りたい、海外出張に備えて英語の勉強をしたい、松下幸之助や本田宗一郎の経営理論を勉強したい、財務分析や経済学を知りたい、ファイナンシャルプランナーや簿記の資格を取りたい……あなたが希望するＤＶＤは、いくらでもあります。

仕事が速いリーダーは、日常業務を速くこなすだけではありません。とっさの判断力が試される。そのために**普段から教養や知識を身につけて、いざというときの判断材料にし**

ているのです。

普段、勉強する時間がないと嘆いている人も、この朝の準備時間を利用すれば、毎日30分も作り出すことができます。

年間270日間勤務で出社準備に30分かかるとしたら、年間135時間も自分を高める時間に変えることができるのです。出社準備をしながらなので、画面にくぎづけになる必要はありません。集中するのは難しいので、何回も何回も耳に残るぐらい繰り返し流せばいいのです。

実際の世の中はネガティブな事件ばかりでなくても、そればかり見ていると現実はネガティブなことだらけだと思い込むようになります。

最近、殺人、強盗、放火、強姦などの凶悪事件が増えたと思いませんか？

あなたが、もし犯罪が増えているなと感じているなら注意してください。ネガティブな情報を受け取りすぎている証拠です。

上記の4つの犯罪を凶悪犯と言いますが、その総数は平成17年と平成26年を比較すると、実は3割以上も減っているのです（平成27年警察白書）。

44 仕事が速いリーダーは、自己の能力を高めるための工夫を怠らない！

毎朝暗いニュースを見てから出社すると、ネガティブな気持ちになり、仕事の生産性も下がります。心理学者のショーン・エイカーは「ポジティブな状態の脳はネガティブな状態の脳より31％生産性が高くなる。営業においては37％も成績が上がり、医師は19％も早く正確に診断することができる」という調査結果を述べています。

あなたが朝の報道番組を見てネガティブな気持ちになっていたら、仕事が遅くなってしまいます。

あなたの毎朝の習慣。テレビのリモコンスイッチを押すか、ＤＶＤの再生ボタンを押すかによって、仕事が遅いリーダーになるか、仕事が速いリーダーになるかに分かれるのです。

45 速いリーダーは通勤電車でイヤホンを使い、遅いリーダーはスマホをいじる。

リーダー、とくにプレイングマネージャーは激務に追われている方が多い。上司から無理難題を吹っかけられ、年上の部下やゆとり世代の部下を管理し、自分自身もプレーヤーとして結果を出さなければなりません。実力主義で優秀な部下に抜かれるかもしれないのに、自分自身を磨く時間もない。日常業務を行うだけで1日が過ぎていく……。

あなたも、そんな風に感じているのではないでしょうか？

しかし、そのような忙しいリーダーにも自分を磨く時間は残されています。それが通勤時間です。

東京都内に通うサラリーマンの通勤時間は、片道平均1時間と言われています。往復で2時間。年間２７０日間勤務だとして、1年で５４０時間。1日の労働時間が8時間だとすると、約68日分に匹敵します。

では、どのようにして自分自身を磨くのか？

まず通勤手段によって、本が読めるか読めないかに分かれます。あなたが本を読める環境にいるなら、迷わず本を読んでください。

資格試験や語学の勉強中のリーダーなら、通勤電車は絶好の勉強部屋になります。○○駅に停車するまでに、この条文を覚えよう。あの駅までは長いから３つの単語を覚えようなどと期限を決めて、本を読んで勉強することができます。

勉強にとって、もっとも効果的なのは期限を決めて行うことです。期限は人を集中させます。電車はその期限を強制的に作り出すことができるのです。

会社の業務を極めたいというリーダーにも、電車で本を読む時間は重要です。

例えば、部下との関係性を良くしたいというリーダーなら、心理学やコミュニケーション関連の本を用意します。

そのときに注意するのは速読しないことです。会社で実践できるところを探しながら慎重に読むのです。実践できる箇所を見つけたら、何度も熟読して頭の中でシミュレーションします。そして会社に着いたら実行するのです。

そして実行したことが成功したか、帰りの電車でもう一度同じ箇所を読み返して確認し、精度を高めて明日以降また繰り返し行います。

P（プラン）・D（ドゥ）・C（チェック）・A（アクト）つまり、**「ビジネス書で計画を立て」→「会社で実行して」→「帰りの電車で振り返って評価し」→「明日以降また改善する」**ことの繰り返しで、ビジネス書のコンテンツを自分のものにしていくのです。

資格試験の勉強も同じです。行きの電車と同じ箇所を、帰りの電車で復習するのです。そうすることで、記憶の定着にもつながります。

本を読めない環境にいる人は、「耳で読む本」と言われているオーディオブックを聴いてください。

オーディオブックは、書籍や講演会、セミナーなどを音声化したものです。インターネットで音声ファイルをダウンロードできるので簡単に入手ができ、しかも内容も充実しています。教材の内容を自分の声で吹き込んで学習してもいいでしょう。

オーディオブックは、本のように自分のペースで進めることはできませんが、耳からしか学べないという選択肢の狭さがあなたの脳を刺激します。

通勤電車では、ほとんどの人がスマホ（スマートフォン）をいじっています。

仕事が遅いリーダーもそうです。往復２時間の電車で、ツイッターやフェイスブックなどのＳＮＳをやり続ける。メール、ラインなども受信でき、その都度返信をしていると、すぐに会社に着いてしまいます。ゲームなど他にも中毒性のあるものが潜んでいます。スマホは便利な伝達道具ですが、同時に自分を磨くチャンスを逃してしまうワナでもあるのです。

仕事が速いリーダーになるためには、２種類の方法があります。他の項で書いていますが、色や記号を使う、会議のやり方を変えるなど「今すぐ速くなる方法」と「じっくり速くなる方法」です。

通勤電車で本を読んでも、今すぐに仕事が速くなるわけではありませんが、３カ月、６カ月、１年と続けているうちに、電車でスマホをいじっている他のリーダーよりも明らかに、しかも格段に仕事が速くなることを保証します。

45 仕事が速いリーダーは、毎日の積み重ねを重要視する！

46

速いリーダーはおにぎりを食べ、遅いリーダーはラーメンを食べる。

あなたは、昼休みをどのように過ごしていますか?

昼休みの過ごし方で、あなたの人生は大きく変わります。

同僚とオフィス街にある飲食店で長蛇の列に並ぶ。営業途中にひとりで郊外にあるラーメン屋で大盛りを食べ、食後は車で爆睡。

これは以前の私の昼休みの過ごし方です。こんな過ごし方をしていると、仕事が遅いリーダーから抜け出せません。

昼休みは通常1時間。年間270日働くと270時間にもなります。1日8時間労働で約33日分。実に1カ月以上。この270時間を食事と休憩のためだけに過ごすか、それとも自分の未来に影響を及ぼすことをするかによって、あなたの人生は大きく変わります。

自分の未来に影響を及ぼすことを毎日やり続ければ、その他大勢のリーダーと差がつき、仕事が速いリーダーになるのです。

以前勤めていた会社で、私が北海道の本社から埼玉支店に転勤したのは20代のときでした。独身で「たまごっち」を育てることだけが楽しみだった頃です。

支店の事務部門は６名で、私以外は全員40代。入社３年目の私は、経験豊富な諸先輩方に実務的能力では太刀打ちできません。そこで、本社にいるときは食事と睡眠しかしていなかった昼休みを、支店では専門的能力を養う勉強の時間に変えました。

昼食をさっさと済ますと、建設業法、民法、商法などの法律書を読みあさりました。すると今まで経験だけに頼って仕事をしていた諸先輩方から、法律的見地での意見を聞かれるようになったのです。

本社にいたときは、やることがなく自動車保険の約款を見て過ごしていました。しかし「人に必要とされている」、「人に認められている」、「人の役に立っている」という実感を得られただけで、ますます勉強に身が入ったのです。さらに諸先輩方のすすめもあり、宅地建物取引主任者の資格に挑戦することになりました。しかし期限は3カ月。しかも独学。試験までにやらなければならない項目を日数で割ったら……もう両手で昼食を食べている暇はありませんでした。

ラーメン、スパゲティ、うどん、そば……麺類大好き、しかも大盛りでしたが、箸やフォークで食べるものは全面禁止にしました。食べていいのは、おにぎりにサンドイッチ、そして、からあげクン。要は、容器を押さえないで片手で食べられるものだけです。もう片方の手はテキストを開くために使うのです。

昼休みを有効活用することにより、無事、試験に合格しました。

リーダー、とくにプレイングマネージャーは激務です。しかし忙しいと嘆いていても何も変わりません。**時間を作るためには、今までやってきた何かをやめなければ新しいことはできません**。昼休みはラーメンをやめておにぎり片手に勉強する。それだけで年間270時間を確保できるのです。

また**時間の使い方には、目の前にあるひとつのことに集中する使い方と、同時に物事を**

行う使い方があります。

歯を磨きながら自己啓発のＤＶＤを見る。お手洗いで新聞を読む。通勤電車でビジネス書を読む。食事をしながらミーティングをする。スポーツジムで自転車をこぎながら英語のＣＤを聴く。朝風呂に入りながら事業計画を練る。もちろんオールナイトニッポンなどのラジオを聴きながらの勉強はＮＧです。

組み合わせにもよりますが、一度に２つや３つのことを行うこともできるのです。

その代表が左手におにぎり、右手にテキスト、そして心には野望を持つことなのです。

仕事が速いリーダーは、昼休みを「自分の未来に影響を及ぼすことを毎日やり続ける時間」にし、その他大勢のリーダーとの差を広げているのです。

46 仕事が速いリーダーは、昼食の時間を有効利用する！

47

速いリーダーは社外の仲間と飲みに行き、遅いリーダーは社内の仲間と飲みに行く。

バブル景気に沸いていた時代。毎日飲み歩きの生活でした。月曜日は、親会社から出向している役員との飲み会。火曜日から金曜日は、社内の部長グループや課長グループもしくは同僚たちと飲み会。空いた日には同僚たちと憂さ晴らしのカラオケ大会。バブルの波に乗って会社はなんとか回っていました。毎日飲み歩く社員たちの集まりなのに、よく会社は潰れなかったものです。

今になると、ムダな時間を過ごしていたなと感じます。

社内の同じメンバーで飲みに行くとどうなるか?

1に愚痴、2に愚痴、3・4がなくて、5に愚痴です。

部長と飲めば課長の愚痴。課長と飲めば部長の愚痴。同僚と飲めば上司の愚痴。

「こんな会社辞めてやる〜」と叫んで、辞めた人はゼロ。

「明日こそ文句を言ってやる」と叫んで、次の日に言った人はゼロ。

飲み会の席でガス抜きされるため、仕事中はディスカッションがありません。そのため改善箇所があっても改善されず、仕事が遅いままなのです。

さらに過度な飲酒による二日酔いで、次の日は仕事のペースも遅くなってしまいます。

私の上司には、両極端なリーダーがいました。どちらも飲み会は好きです。しかしスタイルは違います。

仕事が遅いリーダーは、社内で飲みに行くのがメインでした。何人かの部下を引き連れて飲み歩きます。私もよく連れて行っていただきました。

ただし、無礼講と言っても話の内容を覚えている上司なので、終始緊張し言葉を選んでいました。さらに口が軽かったので、下手に同調すると「石川も同じ意見を言っていた」と伝わるため、細心の注意を払って飲んでいました。

一方、仕事が速いリーダーは、社内の飲み会に参加しますが1次会で帰ります。新年会や忘年会などの行事でもない限り2次会には参加せず、部下との飲み会では「足しにしてくれ」と言って、2次会分の会費を置いていってくれる格好いい上司でした。

社内の飲み会にはあまり参加しませんが、代わりに社外の仲間とはよく飲みに行っていたようです。私によく「社外の人間と飲みに行け」と言っていました。


社外の仲間と飲みに行くメリットは、新たな刺激や知恵が得られることです。お互いの仕事の話からはじまり、将来の夢や目標など前向きで楽しい話で盛り上がります。もちろんたまに愚痴などもあるでしょうが、お互いに蹴落とし合うような雰囲気にはなりません。

仕事のヒントは他業種にあると言います。そもそもアイデアは既存の要素の組み合わせです。エジソンが電気を発明したり、ライト兄弟が飛行機を発明した時代のようにまったく新しいものがアイデアとして出てきたというケースは、今では少ないでしょう。

また、おすすめの本を紹介し合い、自分の仕事にも関連するような情報も手に入ります。

飲み会によって、社内では人望を、社外では人脈を得るのです。


あなたが、今まであまり社外の人との交流がないようでしたら、セミナーに参加してみてください。大抵そのあとに懇親会が行われます。自分が受講したいと思った集まりなので、共感できる仲間が多く集まっています。

私も40歳近くになってから、多くのセミナーに参加しましたが、そこで親友と呼べる方々と知り合うことができました。40歳を過ぎて新しい友人と出会えるなんて、セミナー後の懇親会ぐらいです。

私の持論ですが**「自分を成長させるのは、本を読むか、人と会うかしかない」**と思っています。湯水のように時間があれば別ですが、もうそんなに時間は残っていません。

同じメンバーで毎回いると視野が狭くなってしまいます。長年連れ添った夫婦は似てくると言われるのと一緒で、同じメンバーでいると思考も似通ってきてしまいます。

普段接点のない業種の方とお話しすることで、世の中に求められていることに気づくこともあります。見聞を広めることができ、判断力もついて仕事が速くなるのです。

48

速いリーダーは夢を文字にし、遅いリーダーは夢がボンヤリしている。

長年ビジネスパーソンとして仕事をしていると、多くの尊敬する師と出会うことができます。実際にお会いした方だけではなく、書籍の中でその生き方や考え方に感銘し、影響を受けた方もいます。松下幸之助氏、稲盛和夫氏、本田宗一郎氏……そして大和ハウス工業株式会社　樋口武男代表取締役会長・CEO。

樋口氏は、1340億円もあった借金を、社長に就任してわずか2年で返済した方です。長く不況が続いていた建設業界に勤めている身として勇気の湧く話です。

樋口氏は、インタビュー記事で仕事が速い人と遅い人の差は「意欲の差」だと言っていました。**意欲のある人は、能動的に取り組むので仕事が速くなる。逆に、意欲のない人は、上司からの命令や指示待ちで仕事が遅くなる**と言っていました。

確かに以前の職場にも指示を待たずに自ら仕事をやってくれる部下と、指示をしなければば動かない部下がいました。今考えれば「意欲の差」だったと思います。

入社2年目の2人。仕事が速い部下は、日常業務はもちろん自ら問題点を考え提案して仕事に取り組んでいました。一方、仕事が遅い部下は、目の前にある書類ですら指示があるまで開きません。支払期限が今日の公共料金があっても、催促があるまで払いに行かない部下でした。


また樋口氏は、意欲の高い人つまり仕事が速い人は、明確な夢や志を持っていると言っていました。同時に、人は意欲が下がるときもあり、そのようなときのためにも、自然と心が奮い立つ言葉を手帳に書き写し、手帳を開くたびに見返しているそうです。

私も意欲を上げて仕事が速いリーダーになるため、出社したらすぐに、今まで集めてきた心が奮い立つ言葉を眺めています。日々ヴァージョンアップして新しい言葉に書き換えていますが、最新の言葉を紹介します。

・ひとつずつ終わらせれば、いずれ終わる！
・本を読んだら、すぐ実行！　まず行動！

・今日やれることは、今日やろう！
・背筋を伸ばせ！
・格好つけて生きろ！
・止まるな！
・すぐやる課！

「背筋を伸ばせ！」を眺めた瞬間に背筋がスッと伸びます。「格好つけて生きろ！」を眺めて不誠実な仕事はできません。「止まるな！」、「すぐやる課！」は仕事が速くなるオマジナイとして効果があります。毎朝、これらの言葉を眺めてから、仕事をスタートさせると、暗示にかかったように仕事が速くなるのです。

あなたも**心が奮い立つ言葉を集め、毎朝眺めてから仕事をはじめてみてください。**急に集めるのは大変なので、最初は名言や格言など珠玉の言葉が数多く散りばめられている名言集などから探すことをおすすめします。

さらに、**夢や目標を書いた「夢ノート」も見返しています。**

夢ノートには、「受注目標」や「仕事術の本を出版」、「セミナー講師としての成功」、「小説を書く」など、今後の夢や目標が34項目書かれています。

どちらも毎朝眺めることで意欲が湧き、仕事が速くなるのです。

仕事が遅いリーダーは、夢や目標がありません。あっても漠然としているので、ここ一番というときに仕事を諦めやすい傾向にあります。諦めないまでもイヤイヤやるので、遅くなるのです。


コーヒーを飲み終わったら、タバコを吸い終わったら、栄養ドリンクを一気飲みしたらなど、「この儀式が終わったら仕事モードに入ろう」と決めている人がいます。

私は「夢ノート」を閉じた瞬間から「仕事モードになろう」と決めています。

あなたも「夢ノート」を作り、読み終えた瞬間から仕事モードになろうと決めてみませんか？「位置について～、よ～い、ドン！」と号令をかけられたように、素早くスタートをきることができるのです。

48 仕事が速いリーダーは、意欲を引き出す言葉を集めている！

49 速いリーダーは勘定感覚があり、遅いリーダーは感情感覚しかない。

税理士として8年、簿記講師として13年、経理として20年。さまざまな角度から、そして長い期間にわたり簿記に携わってきました。

そこで行き着いた「簿記の真理」と言えば恰好つけた感じですが、「簿記は経理だけのものではない」ということに気がつきました。

つまり**「簿記は全ての職種において必要な知識」**なのです。

職種の多い建設会社を例に挙げると、経理はもちろん、財務は資金繰りや財務分析のために、人事は配置先の人件費を考える上で、総務は社会保険の計算などを行うために、簿記の知識が必要です。

さらに土木や建築の現場担当者は原価管理をするために、積算は入札金額を計算するために、営業は得意先の経営状況を知るために簿記の知識が必要になります。

仮に会社を辞めて専業主夫（婦）になったとしても、家庭の財産を守るためには簿記の知識が必要になるのです。

日商簿記３級の講義をしているとき、受講生を鼓舞するためにこの話をしますが、実際にどんな職種でも簿記の知識を深め勘定感覚を持たなければならないと痛感しています。特に各職種のリーダーになれば、より勘定感覚を研ぎ澄まさないと、会社全体に悪い影響を与えます。

以前の職場の、とあるリーダーの話です。

会社の経費節減のため、工事用車両をリース車に変えたときのことです。５台売却して２５０万のお金が入ってきました。工事のリーダーは２５０万円儲かった（利益が出た）と言っていましたが、この車を購入したときは5台で１０００万円です。

話を簡単にするために減価償却をしないと仮定して話すと、１０００万で買ってきた車を２５０万で売ったので、差引き７５０万も損をしているのです。７５０万円の損失なのに、手元にお金が２５０万円入ってきたので、利益が出たと思っているのです。勘定感覚がまったくありません。

さらに売上高重視で、原価率を度外視した請負額の高い工事を優先して受注していました。結果、売上高は上がりましたが、赤字工事を抱え、利益が大幅に下がりました。

収入と利益の違いが分からない、取引先の財務諸表も読めない、採算度外視の売上至上主義に走る、そんな勘定感覚のないリーダーのもとで、業績を上げるのは大変です。

リーダーになれば、部署の予算管理や経費節減を行う上で、一般社員のときよりも勘定感覚がますます必要になってきます。役職が上がれば上がるほど、経営にかかわる度合も増えてきます。

では、どうするか？

理想は専門学校で簿記3級の講義を受講することですが、難しいのであれば、薄くて簡単なテキストを購入して目を通すべきです。そして疑問点は、経理担当者に聞いてみるのです。

人は本来教えるのが好きです。他部署のリーダーが経理について質問にくれば、歓迎してくれるはずです。部署間の交流にもなるでしょう。

小泉内閣で経済財政政策担当大臣だった竹中平蔵氏も、「簿記３級が分かれば、経済全体が分かる」と簿記の重要性を説いています。

勘定感覚がないリーダーは、感情論になりがちです。「やればできる」、「不可能なことはない」、「責任は俺が取る」と部下たちを鼓舞します。「責任は俺が取る」と言うと聞き心地がいいですが、冷静に考えてみてください。ビジネスの世界で、部下の責任を上司が全て負うことはできません。会社組織である限り、上司が連帯で責任を取ることがあっても、部下も確実に責任を取らされます。

また財務諸表が読めないために、取引先の評価を「懇意にしているから」、「社長の羽振りがいいから」と感覚で判断し、債権が回収できなくなる場合があります。

このように**勘定感覚を身につけようとせず、気合や根性の感情感覚で仕事をすると、間違った判断をしやすく、軌道修正するのに時間がかかり、仕事が遅くなってしまうのです。**

49 仕事が速いリーダーは、簿記３級程度の知識を身につけている！

50 速いリーダーはやっていて、遅いリーダーは知っている。

「はじめに」でも書きましたが、本書に載せた習慣は全て誰にでもマネができるものを選びました。また、すぐにでもはじめられて、しかも即効性があるものがほとんどです。「ほとんど」というのは、即効性のない習慣を3項目含めたからです。ただし、どれも自分の将来に影響を及ぼす習慣です。毎日コツコツと、それを何カ月、何年と続け、積み重ねることで、巨大な力となり、その他大勢のリーダーに差をつけることができます。その3項目とは、①出社準備の時間（44項）、②通勤時間（45項）、③昼休みの時間（46項）を利用する習慣です。

詳しくは各項に書きましたが、出社準備の時間には報道番組を見ずにＤＶＤを見て準備をする、通勤時間にはスマホを見ないで本を読んで通勤する、昼休みは昼食だけではなく勉強の時間にする、です。

普段、忙しいと嘆いている人でも、今までの習慣を捨て、新しい習慣を取り入れるだけで、1日2、3時間は作り出すことができるのです。この時間を使って、自分の将来に影響を及ぼすことを毎日やり続けてみてください。

説教じみた話で恐縮ですが、「知っている」と「やっている」は違います。

以前、時間管理のビジネス書を書店で購入しました。実践できるノウハウが満載で感銘を受ける箇所も多く、読み進めるうちにマークや付箋でボロボロになるほどでした。

そこで友人へのプレゼント用に、もう1冊買おうとアマゾンのページを開きました。「カートに入れる」をクリックする前に、カスタマーレビューが目に入り、何気なく見ると、多くの読者が最高評価の星5つをつけているのに、ひとりだけ最低評価の星1つをつけている人がいました。

つい気になって書評を読みましたが、最低評価の理由は「書いてあることは、全て知っていることで何の役にも立ちませんでした」というものでした。

確かに多くのビジネス書を読んでいると似通ったノウハウもあります。いろんな意見があるので星1つの評価自体に問題があるわけではありません。しかし、この本のノウハウを全て知っていて、それを全て実践しているなら、間違いなく時間管理のスペシャリストになっているはずです。

この読者は、今後も何冊も何冊もビジネス書を読み続け知識を増やしていくことでしょう。しかしどれだけビジネス書を読んで知識を増やしても、実践しなければ意味がありません。「知っている」と「やっている」は、決定的に違うのです。

思い返せば、生まれてから今までの人生、親や学校の先生から教わり、社会人になって上司や先輩から指示や指導を受けました。ビジネス書だけでなく、新聞や実用書も読み、セミナーや講演会に通い、資格取得の勉強などを通じて知識も増えていきました。

さまざまな手段でインプットしてきましたが、それだけでは意味がありません。その知識をいかにアウトプットするかが重要なのです。

仕事が速いリーダーは、いいモノは取り入れて実践します。とにかく行動するのです。インプットしたらアウトプット。もちろん失敗することもあります。しかし**成功と失敗を繰り返すことで、精度を上げ、仕事が速くなっていくのです。**

仕事が遅いリーダーは、知識が増えても、実践しないので、仕事の成果が上がりません。

あなたの周りにも「この企画前からやろうと思っていたのに、先を越された」と嘆いている人はいませんか。どれだけいいアイデアを持っていてもアウトプットしない限り、チャンスをつかむことはできません。

仕事が遅いリーダーから、仕事が速いリーダーになるためには、「知っている」を「やっている」に変えることが必要なのです。

本書においても、最後にもう一度目次を見返し、実践してみようと思う習慣に好きな色でマークを引いてみてください。そしてマークを引いたタイトルだけでも、仕事をはじめる前に読んでみてください。「仕事が速くなるんだ！」と意識するだけで行動が変わります。行動が変われば人生が変わります。

毎朝、この書籍に目を通してから仕事をはじめることを、新たな習慣に加えていただけたら最高の喜びです。

50 仕事が速いリーダーは、ビジネス書を読むだけでなく実行する！

おわりに

最後までお読みいただき、ありがとうございます。

「仕事が速いリーダー」になるためには、どうすればいいのか？　厳選した50項目の習慣を紹介させていただきました。誰にでもマネができ、今すぐはじめられるものばかりです。

仕事が速いリーダーのノウハウを身につければ、仕事が速く片づきます。それはリーダーであるあなた自身だけではありません。部下も仕事が速く終わるということです。

あなたや部下の仕事が速く終われば、遊びに出かけたり、映画やＤＶＤを見たり、資格や語学の勉強をしたり、セミナーに出席したりすることで、自分を高めることができます。

そして、家族や友人と楽しく過ごす時間も増えるのです。

仕事は高い質を保ったまま、速く終わらせなければなりません。

最悪なのは、生産性のない仕事やパフォーマンスの低い仕事を行うこと、そして仕事が遅いこと。

なぜなら仕事を含め、全ての行為は時間を使って行われているからです。

時間とは何か？　時間とは命です。命は「生まれてから死ぬまでの期間」です。平均寿命である80年を生きるとしたら、80年×３６５日×24時間の７００８００時間。

限られた時間（命）をどのように使うのか？　同じ仕事を行うなら速く終わらせて、時間を有意義に使う必要があるのです。


本書の中から仕事が遅いリーダーと同じ習慣があれば改め、仕事が速いリーダーの習慣で共感できる項目があれば取り入れてください。そうすることで、あなたの人生がより豊かで充実したものになれば幸いです。


最後になりましたが、出版にあたりご協力いただいた多くの方々に、この場を借りて御礼を申し上げます。

明日香出版社の久松圭祐さん。

私が「リーダー」について本が書けることを確信し、声をかけてくださり、本当にありがとうございます。

久松さんとの御縁を作ってくださった『部下がきちんと動くリーダーの伝え方』の著者、吉田幸弘さん。

吉田さん、久松さん、私と、3人とも同じ3月12日生まれというのも御縁を感じます。リーダー本の先輩として今後も宜しくお願い致します。

友人である星野絢子さん、石原恵理さん。

前作に続き、今回も的確なアドバイスや原稿チェック、情報収集など、ありがとうございます。おかげで執筆に集中することができました。

田舎にいる母さん。

いくつになっても健康を気遣い、応援してくれ、見守り励まし、どんなときでも最後まで味方でいてくれて、ありがとう。

そして、真理、天聖、凜。

書店で「習慣シリーズ」の本を見かけるたびに、この本が書店に並ぶことを心待ちにしてくれていてありがとう。書き続ける原動力になったよ。3人が家族でいてくれるお陰で、人生を楽しく過ごせています！

そして最後にもう一度。
この本を読んでくださったあなた。
この本に出会えて良かったと思っていただけたら、本当に嬉しいです。

石川 和男

■著者略歴

石川　和男（いしかわ・かずお）

建設会社総務経理担当部長、大学講師、大原簿記専門学校講師、セミナー講師、税理士と、5つの仕事を掛け持ちするスーパーサラリーマン。

1968年北海道生まれ。埼玉在住。

大学卒業後、建設会社に入社。経理部なのに簿記の知識はゼロ。上司に叱られ怒鳴られて過ごす。はじめて管理職になったときには、部下に仕事を任せられない、優先順位がつけられない、スケジュール管理ができない、ないない尽くしのダメ上司。深夜11時まで残業をすることで何とか仕事を終わらせる日々が続く。体調を崩し、ストレスから体重も1年で10キロ増加。このままでは人生が駄目になると一念発起。時間管理やリーダー論のビジネス書を1年で100冊読み、仕事術関係のセミナーを月1回受講するというノルマを課し、良いコンテンツやノウハウを取り入れ、実践することで徐々に残業を減らしていく。さらに1日の時間の使い方を徹底的に見直すことで、最終的には業績を保ったまま残業ゼロを実現させる。

また空いた時間で、各種資格試験にも挑戦。働きながら、税理士、宅地建物取引士、建設業経理事務士1級などの資格試験に合格。建設会社のほか税理士、講師の仕事もはじめる。

建設会社ではプレイングマネージャー、専門学校では年下の上司の下で働き、税理士業務では多くの経営者と仕事をし、セミナーでは「時間管理」や「リーダーシップ力」の講師をすることで、仕事が速いリーダーの研究を日々続けている。


〈著書〉

『30代で人生を逆転させる1日30分勉強法』『30代で人生を逆転させる残業ゼロの時間術』（共にCCCメディアハウス）

本書の内容に関するお問い合わせ
明日香出版社　編集部
☎(03) 5395-7651

仕事《しごと》が「速《はや》いリーダー」と「遅《おそ》いリーダー」の習慣《しゅうかん》

2016年　6月　17日　初版発行
2016年　7月　21日　第10刷発行

著　者　石《いし》　川《かわ》　和《かず》　男《お》
発行者　石　野　栄　一

〒112-0005 東京都文京区水道2-11-5
電話 (03) 5395-7650（代 表）
(03) 5395-7654（FAX）
郵便振替 00150-6-183481
http://www.asuka-g.co.jp

明日香出版社

■スタッフ■　編集　早川朋子／久松圭祐／藤田知子／古川創一／大久保遥／生内志穂
営業　小林勝／奥本達哉／浜田充弘／渡辺久夫／平戸基之／野口優／横尾一樹／田中裕也／関山美保子　総務経理　藤本さやか

印刷　株式会社文昇堂
製本　根本製本株式会社
ISBN 978-4-7569-1840-6 C2034

編集担当　久松圭祐

ISBN978-4-7569-1649-5

「仕事が速い人」と「仕事が遅い人」の習慣

山本 憲明 著

本体価格 1400 円＋税　B6 並製　240 頁

同じ仕事をやらせても、速い人と遅い人がいます。その原因はいろいろです。

仕事の速い人、遅い人の習慣を比較することで、どんなことが自分に足りないのか、どんなことをすればいいのかがわかります。著者の体験談とともに 50 項目で紹介します。

ISBN978-4-7569-1608-2

「できる上司」と「ダメ上司」の習慣

室井 俊男 著

本体価格 1500 円＋税　B6 並製　240 頁

根本的な能力は売れている営業マンとあまり変わらないはずなのに、なぜか成績を上げることができない。

そんなビジネスパーソンに、できる営業マンの習慣とできない営業マンの習慣を対比することによって、気づきとテクニックを与えます。